Christiane Stoeckle

Hilfe, mein Kind ist lese-rechtschreibschwach!

Eine Anleitung für Eltern

Veris Verlag

Ebenfalls von Christiane Stoeckle:

Im Rechtschreiben fit

Titel		Veris Direct Best.-Nr.
Heft 1	Mitsprechwörter	D1266-6
Heft 2	Pass auf! Diese Wörter schreibt man anders als man sie spricht	D1267-7
Heft 3	Höre und vergleiche! Mitlautverdopplung (1)	D1268-8
Heft 4	Höre und vergleiche! Mitlautverdopplung (2)	D1270-1
Heft 5	Merkwörter	D1271-2
Hefte 1–5	Gesamtausgabe	D1278-9

Hilfe, mein Kind ist lese-rechtschreibschwach! Eine Anleitung für Eltern

Bibliografische Information Der Deutschen Bibliothek
Die Deutsche Bibliothek verzeichnet diese Publikation in der Deutschen Nationalbibliografie; detaillierte bibliografische Daten sind im Internet über http://dnb.ddb.de abrufbar.

1. Auflage 2006

Satz, Layout und Druck: Veris Verlag
www.veris-verlag.de
Gedruckt auf chlorfrei gebleichtem Papier

Printed in Germany

ISBN-10: 3-89493-108-6
ISBN-13: 978-3-89493-108-7

Inhalt

Erläuterungen

In diesem Werk werden grammatische Zusammenhänge der besseren Verständlichkeit halber teilweise leicht vereinfacht dargestellt. Das Werk legt den Schwerpunkt auf die praktische Anleitung zum Rechtschreiben und erhebt keinen Anspruch auf vollständige oder wissenschaftlich korrekte Darstellung.

Die Wortvorgaben durch die Eltern werden, was die Groß- und Kleinschreibung betrifft, stets so angeführt, wie das Kind sie niederschreiben soll.

Beispiel S. 23

Eltern: laufen?
Kind: lau - fen, ich laufe – klein!
Eltern: Gut, schreibe auf!

Beispiel S. 19

Eltern: Blume?
Kind: Blu - me!
Eltern: Gut, schreibe auf!

❶, ❷, ❸ Wo Sie diese Zeichen finden, wird unten auf derselben oder der gegenüberliegenden Seite der Begriff ❶ erklärt:

Begriffserklärung
❶ **Begriff:** Hier folgt die Begriffserklärung.

Wie Sie Ihr Kind unterstützen können

Warum braucht Ihr Kind Unterstützung?

Ihr Kind will nichts lieber als Ihren Erwartungen entsprechen. Es will von Ihnen **geliebt, anerkannt** und **gelobt** werden. Gute Leistungen freuen Eltern, schlechte Leistungen enttäuschen sie. Deshalb geben sich Kinder **alle Mühe,** die geforderten Leistungen zu erbringen. Sie sind bereit, jahrelang zu üben – oft vergeblich.

Da Schule und Eltern in der Regel die erbrachte Leistung und **nicht die Anstrengung** würdigen, geraten Schüler mit Schwierigkeiten beim Erlernen des Lesens und Rechtschreibens leicht in seelische Konflikte. Das kann zu psychosomatischen Beschwerden wie Kopf- oder Bauchscherzen, Magen-Darmerkrankungen und anderen mehr führen. Oft verlieren diese Kinder die Freude am Lernen und an der Schule ganz allgemein. Ihre Leistungsbereitschaft sinkt nicht nur in Deutsch, sondern auch in anderen Fächern. Sie strengen sich nicht mehr an. Wofür auch? Für Schulnoten, die sie sowieso nicht bekommen?

Ist es nicht ganz natürlich, wenn man irgendwann einfach nicht mehr mag? Wie lange strengen Sie sich an, wenn der Erfolg ausbleibt?

Kinder mit besonderen Schwierigkeiten beim Erlernen des Lesens oder Rechtschreibens brauchen für den Lese-Schreiblernprozess länger als ihre Altersgenossen. Das kann viele

Gründe haben – einer davon ist vielleicht eine genetische Disposition ❶.

Sie sind die wichtigste Bezugsperson im Leben Ihres Kindes. Daher ist Ihr Kind in besonderer Weise auf **Ihre Unterstützung** angewiesen. Die Erfahrung zeigt: Die besten Chancen haben Schüler, deren Eltern mit diesem Mangel gut umgehen.

Was können Sie tun?

1. Lassen Sie sich **nicht vertrösten,** dass sich die Schwierigkeiten beim Erlernen des Lesens oder Rechtschreibens von selbst erledigen.
2. Lassen Sie sich auch **nicht einreden,** dass mehr Üben auch mehr hilft. Sie wissen selbst am besten, was Sie Ihrem Kind und sich selbst bereits zugemutet haben!
3. Suchen Sie eine **Beratungsstelle** auf, wenn Sie den Eindruck haben, dass Ihr Kind besondere Schwierigkeiten beim Erlernen des Lesens und/oder Rechtschreibens hat. Trösten Sie sich nicht damit, es seien nur „Flüchtigkeitsfehler". Es ist wichtig, deren Ursachen zu ergründen! Je früher eine kompetente Beratung erfolgt, desto besser! Sollte Ihr Kind bei sonst normalem Schulverlauf am Ende der zweiten Klasse noch immer weit unterdurchschnittliche Leistungen im Lesen und/oder Rechtschreiben zeigen, ist eine Beratung anzuraten. **Dringend geboten** ist sie, wenn Ihr Kind bereits schulbedingt Krankheitssymptome zeigt oder jegliche Freude an schulischer Arbeit zu verlieren beginnt.
   Bei der Suche nach Beratung kann Ihnen der Bundesverband Legasthenie und Dyskalkulie helfen:

   Bundesverband Legasthenie und Dyskalkulie e. V.
   Postfach 11 07
   30011 Hannover
   Tel: 07 00 / 31 87 38 11
   Fax: 0511 / 31 87 39 11
   E-Mail: info@bvl-legasthenie.de
   Internet: http://www.bvl-legasthenie.de

4. **Beobachten** Sie Ihr Kind selbst:

Ihr Kind hat besondere Schwierigkeiten im **Rechtschreiben,** wenn

- es in Diktaten beständig schlecht abschneidet (Note 5 bis 6) oder
- sich die Leistungen in Diktaten stark von denen in Mathematik und anderen Sachfächern unterscheiden (z. B. Mathematiknote 2, Deutschnote 4).

Ihr Kind hat besondere Schwierigkeiten im **Lesen,** wenn es

- sehr lange braucht, um sich Buchstaben in Laut und Schrift zu merken,
- im zweiten Schulbesuchsjahr (oder später) häufig vorkommende Buchstaben verwechselt,
- Schwierigkeiten hat, den Sinn von Texten zu erfassen,
- am Ende der Grundschulzeit immer noch Probleme hat, Texte fließend vorzulesen,
- sich häufig verliest. Achten Sie darauf, ob die Verlesung gehäuft am Anfang, Mitte oder Ende eines Wortes vorkommen.

Weisen Sie die Fachärzte (Augen- und Ohrenarzt) unbedingt auf die besonderen Probleme hin! Ein normaler Seh- und Hörtest reicht nicht!

5. **Helfen** Sie Ihrem Kind!

Eltern nützen ihrem Kind am besten, wenn Sie es

- **seelisch** unterstützen und wenn Sie ihm
- **praktisch** helfen.

6. **Informieren** Sie sich! Auf S. 75 finden Sie eine Liste weiterführender Literatur. Auch das Internet ist inzwischen eine ergiebige Informationsquelle für dieses Thema geworden.

Begriffserklärung
❶ **genetische Disposition:** Eine vererbte Neigung oder Anfälligkeit für die Ausbildung von Ausfällen (auch Krankheiten).

Wie können Sie Ihr Kind *seelisch* unterstützen?

Was hilft **Ihnen selbst** in schweren Zeiten? Vorwürfe, gut gemeinte Ratschläge oder Strafen sicher nicht. Ihrem Kind hilft das ebensowenig.

Die fehlenden Leistungen Ihres Kindes sind keine persönliche Schuld und in der Regel keine Folge von Unaufmerksamkeit, Faulheit oder mangelnder Bereitschaft.

Das können Sie als Erstes für Ihr Kind tun:

- **Erkennen** Sie die Lese-Rechtschreibschwierigkeiten **an**. So bewahren Sie Ihr Kind vor dem Gefühl, es sei an allem schuld, es sei zu faul, es habe nicht aufgepasst oder sei unkonzentriert.
- Verzichten Sie auf Strafen für schlechte Leistungen (wie Hausarrest, Fernsehverbot, zusätzliche Übungsstunden ...)!
- Fassen Sie **Vertrauen.** Ihr Kind wird trotz der Probleme sein Leben meistern!
- Schauen Sie auf die **guten Seiten** Ihres Kindes. Sagen und zeigen Sie ihm, dass es vielleicht nicht so gut lesen und rechtschreiben kann wie seine Freunde, dafür aber in so vielen anderen Dingen gut ist.
- Machen Sie sich klar: Die Schwierigkeiten im Lesen und Schreiben haben Ursachen, für die ihr Kind nicht verantwortlich ist.
- Die Überwindung dieser Schwierigkeiten braucht **Zeit.** Diese Zeit können Sie oder Ihr Kind auch nicht durch größere Anstrengung verkürzen. Freunden Sie sich mit diesem Gedanken an.

Wie können Sie Ihrem Kind *praktisch* helfen?

Lesen

Ganz wichtig ist das **Vorlesen:**

- Kinder erfahren so: Lesen ist schön! Vorlesen ist die beste Voraussetzung dafür, dass Ihr Kind später selbst viel liest.
- Vorlesen erweitert den Wortschatz, trainiert das Sprachverständnis und gibt dem Kind ein Gefühl für Grammatik ❷.
- Wenn irgend möglich, sollten Sie täglich vorlesen, etwa regelmäßig vor dem Einschlafen. Lesen Sie Bücher oder Geschichten vor, die Ihr Kind auch wirklich interessieren. Bücher von bekannten Kinderbuchautoren und mit Literaturpreisen ausgezeichnete Bücher eignen sich besonders. Die Bücher sollten dem Alter Ihres Kinder entsprechen.
- Lassen Sie sich von Ihrem Kind vorlesen! Lesen lernt man nur durch **Lesen** (täglich 10 Minuten lesen genügt).

Rechtschreiben

- Schreiben lernt man nur durch **Schreiben**.
- Diktieren Sie Ihrem Kind Wörter in **rechtschriftlichen Zusammenhängen.**
- Geben Sie Ihrem Kind Strategien ❸ an die Hand, damit es beim Schreiben Fehler vermeiden kann.
- Loben Sie Ihr Kind so oft es geht: Jeder winzige Fortschritt führt näher ans Ziel!

Begriffserklärung
❷ **Grammatik:** Der Aufbau oder das Gerüst der Sprache.
❸ **Strategie:** Der Plan, der einer Handlung oder Aktion zu Grunde liegt.

Übungsplan

- Legen Sie einen Übungsrhythmus mit Ihrem Kind fest (z. B. drei Wochen lang **dreimal in der Woche** zu festgelegten Zeiten **zehn Wörter** schreiben).
- Nach diesem Übungsabschnitt folgt eine Woche **Pause**, und anschließend beginnen Sie wieder, drei Wochen lang mehrmals in der Woche zehn Wörter zu schreiben.
- Bitte beachten Sie beim Üben die Arbeitsanweisung („Sagen Sie zu Ihrem Kind: ...“) **genau**, damit Ihr Kind möglichst fehlerfrei schreiben kann.
- Versuchen Sie Fehler immer im Vorfeld zu verhindern! Ein Zehn-Wörter-Diktat sollte für Ihr Kind mit einem Erfolgserlebnis enden. Seien Sie bei der Korrektur im Zweifel lieber etwas zu großzügig – das erhält Ihrem Kind den Spaß an der Übung!
- Jedes fehlerfreie Zehn-Wörter-Diktat zählt einen Punkt. Ist eine bestimmte Punktzahl erreicht (z. B. zehn), sollten Sie Ihr Kind mit einer Kleinigkeit belohnen.

Allgemeine Übungsgrundsätze

- Niemand kann eine Lese-Rechtschreibschwäche von heute auf morgen „heilen“. In günstigen Fällen kann Ihr Kind nach der 6. Klasse relativ fehlerfrei schreiben und flüssig lesen.
- Ihr Kind braucht **Zeit,** damit es in aller Ruhe Lernfortschritte machen kann.
- Üben darf kein „Familienstress“ werden. Nur wenn Sie die Übungen **ohne Tränen und Schimpfen** anleiten können, eignen Sie sich als „Förderlehrkraft“ für Ihr eigenes Kind.
- **10 Minuten** üben genügt! Mehr halten weder Sie noch Ihr Kind auf Dauer durch. Achten Sie dabei auf Pausen zwischen Hausaufgabe und zusätzlicher Übung.
- Wenn ihr Kind im Lesen *und* Rechtschreiben Probleme hat, lassen Sie sich entweder zehn Minuten vom Kind vorlesen, oder Sie üben mit ihm schreiben.

Richtig Schreiben üben mit System

Viele Kinder mit Schwierigkeiten im Rechtschreiben können sich keine Wortbilder ❹ merken. Wahrscheinlich schreibt Ihr Kind Wörter immer wieder falsch, die es schon oft geübt hat. Manchen Kindern gelingt es zwar, Wortbilder kurz (z. B. von einem Tag auf den anderen) im Gedächtnis zu speichern; werden die Wörter später wieder abgefragt, erscheinen die alten Fehler. So üben Sie und Ihr Kind oft lange Zeit vergeblich.

Viele Bundesländer schreiben für verschiedene Jahrgangsstufen einen Wortschatz im Lehrplan vor. Schüler mit Rechtschreibschwierigkeiten können den Umfang des jeweiligen Wortschatzes aller Erfahrung nach nicht bewältigen.

Diese Kinder brauchen **besondere Hilfen,** um sich zurechtzufinden. Dieser Rechtschreiblehrgang orientiert sich an den Fähigkeiten und Bedürfnissen dieser Schüler. Er ist systematisch aufgebaut und beruht auf **drei Prinzipien:**

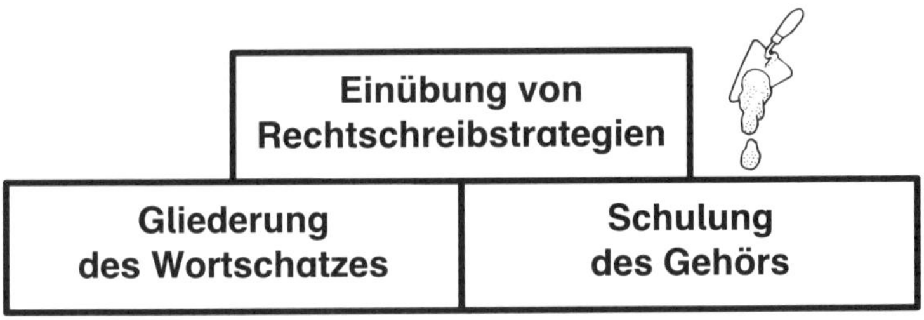

Begriffserklärung
❹ **Wortbild:** Die Form eines Wortes auf dem Papier. Viele Kinder, die bereits „schreibend“ in die 1. Klasse kommen, malen Wortbilder nach, deren Sinn sie aber (noch) nicht verstehen.

1. Gliederung des Wortschatzes

Der Wortschatz teilt sich in **vier Bereiche:**

A. Wörter, die man schreibt, wie man sie spricht:
die **lauttreuen Wörter ❺**.

B. Wörter, die man **anders** schreibt als spricht, (z. B. „Sport“ oder mundartgefärbte Wörter wie „sonnig“ [„sonnich“], „pflegen“ [„flegen“], usw).

C. Wörter mit **Mitlautverdopplungen ❻** (Teller, Messer, usw.).

D. Wörter mit rechtschriftlichen **Besonderheiten** (Wörter mit ß, h, ie, oo ...)

2. Schulung des Gehörs

Ihr Kind lernt, dass **genaues Hinhören** auf Laute und Lautverbindungen und **lautes Mitsprechen** das Rechtschreiben erleichtern.

3. Einübung von Rechtschreibstrategien

Das Kind lernt **Strategien,** mit denen es die richtige Schreibung eines Wortes selbst herausfinden kann.

Strategien für lauttreue Wörter:
- „Sprich die Wörter beim Schreiben **getrennt** mit.“
- **„Verlängere** kurze Wörter.“
- „Denke darüber nach, ob man ein Wort groß oder klein schreibt, **bevor** du mit dem Schreiben beginnst.“

Begriffserklärung
❺ **lauttreue Wörter:** Wörter, bei denen jeder Buchstabe genau einem Laut entspricht. Daher kann man sie nach Gehör fehlerfrei schreiben, wie z. B „Auto“ oder „Kakadu“.
❻ **Mitlaute:** Auch Konsonant oder Mittöner. Die Laute, die sich als folgende Buchstaben im Alphabet darstellen: B, C, D, F, G, H, J, K, L, M, N, P, Q, R, S, ß, T, V, W, X und Z.

Strategien für Wörter, die man anders schreibt als man sie spricht:
- „Pass auf, es gibt Wörter, die schreibt man anders als man sie spricht."

Strategien für Wörter mit Mitlautverdopplung:
- „Trenne das Wort und vergleiche." (O - fen oder of - fen)

Strategien für Wörter mit rechtschriftlichen Besonderheiten:
- „Diese Wörter muss man sich auswendig **merken**. Finde heraus, wie dir das am besten gelingt, z. B. auswendig lernen, Bilder malen, ... "

Übungsgrundsätze für das Rechtschreiben mit System

- Arbeit macht nur Spaß, wenn sie Erfolg verspricht. Das gilt auch für Rechtschreibübungen. Fordern Sie von Ihrem Kind nur, was es vermutlich auch leisten kann! Im besten Fall zeigt jede Übung Ihrem Kind: Ich kann es!
- Das Kind soll sich bei einer Übung nicht langweilen, aber auch nicht überfordert fühlen. Üben Sie deshalb zunächst mit Wörtern, die Ihr Kind bereits richtig schreibt.
- **Bleiben** Sie in aller Ruhe solange bei einer Übung, bis Ihr Kind sich wirklich sicher fühlt, die Strategie beherrscht und sie beim Schreiben automatisch anwendet.
- Erhöhen Sie den Schwierigkeitsgrad der Wörter immer dann, wenn Ihr Kind eine Arbeitsanweisung relativ fehlerfrei ausführen kann.
- Lassen Sie sich von Rückschlägen nicht entmutigen.
- Geben Sie sich und Ihrem Kind Zeit, den Wortschatz zu bewältigen: Es ist sinnlos, mit Zahlen bis 1000 zu rechnen, wenn Ihr Kind das Zahlensystem bis 100 nicht beherrscht. Genauso sinnlos ist es, ein Kind mit Besonderheiten der Rechtschreibung zu quälen, wenn es noch nicht lauttreu schreiben kann.

Der Übungsplan im Überblick

A. Wörter, die man schreibt, wie man sie spricht

Diese Wörter heißen auch **„lauttreue Wörter“** – ein Begriff, den wir noch öfter brauchen.

Rechtschreibstrategien:

„Sprich die Wörter beim Schreiben getrennt mit.“

„Denk vor dem Schreiben darüber nach, ob man das Wort groß oder klein schreibt.“

„Mach kurze Wörter länger.“

B. Wörter, die man anders schreibt als spricht

Das sind Wörter mit **„st“**, **„sp“** und Wörter mit **mundartlichen** Eigenheiten.

Rechtschreibstrategie:

„Pass auf, diese Wörter schreibt man anders als man sie spricht!“

C. Wörter mit Mitlautverdopplungen

Das sind Wörter mit einer **Verdopplung** (ll, mm, nn, rr, ss, usw.), auch Wörter mit tz und ck gehören dazu.

Rechtschreibstrategie:

„Trenne das Wort und vergleiche (z. B. O - fen oder of - fen)“

D. Wörter, die man sich merken muss

Das sind Wörter mit rechtschriftlichen Besonderheiten. Diese Wörter heißen **Merkwörter** ❼ – ebenfalls ein Begriff, der noch öfter fällt. Sie enthalten „ä“, „ie“, „ß“, „h“, „v“, „ai“, „ee“, „aa“, „oo“, „eu“ oder „chs“.

Rechtschreibstrategie:

Diese Wörter müssen auswendig gelernt werden.

Begriffserklärung

❼ **Merkwörter:** Wörter, die man nicht nach Gehör richtig aufschreiben kann. Typische Merkwörter sind z. B. „Rhythmus“ oder „Chrysantheme“, aber auch „Stadt“ – wer nicht *weiß*, wie man diese Wörter schreibt, schreibt sie höchstwahrscheinlich falsch.

Praktische Übungsanleitung

Vorübungen

1. Buchstaben sicher schreiben

Will Ihr Kind Wörter schreiben, muss es **alle Buchstaben** sicher beherrschen. Das kann sehr lange dauern, besonders bei schwierigen Buchstaben wie d / t, g / k oder b / p.

- Sprechen Sie Ihrem Kind diese Buchstaben **deutlich** vor.
- Lassen Sie Ihr Kind diese Buchstaben deutlich nachsprechen.
- Erfinden Sie **Handbewegungen** für Buchstaben, die Ihr Kind sich nur schwer merken kann. Sprechen Sie z. B. ein „g" und legen Sie gleichzeitig die Hand auf die Kehle: Das „g" kann man spüren!

  Es gibt zu diesem Zweck ganze Lautgebärdensysteme wie etwa die Kieler Lautgebärden (erschienen im Veris Verlag, Kiel, s. auch S. 75)
- Zeigen Sie ihm bei jeder Gelegenheit diese Buchstaben im täglichen Leben (auf Verkehrsschildern, Plakaten, Autokennzeichen usw.).
- Lassen Sie Ihr Kind zu diesen Buchstaben Bilder malen und hängen Sie sie im Kinderzimmer auf.

2. Kurze Wörter schreiben

- Diktieren Sie Ihrem Kind zunächst nur kurze Wörter. Daran sehen Sie, ob es alle Buchstaben kennt und sie in die richtige Reihenfolge bringt.
- Üben Sie so lange kurze Wörter und Buchstaben, bis Ihr Kind alle Buchstaben schreiben kann.

Kurze lauttreue Wörter für die Vorübung

Arm
Bach
Bauch
Baum
Buch
Busch
Dom
Fach
Fisch
Gans
Gaul
Gras
Hals
Hauch
Haus
Hof
Hut
Laus
Loch
Los
Maul

Maus
Milch
Mus
Rauch
Raum
Tal
Ton
Tuch
Zaun
Zug

acht
als
am
an
auch
bei
bin
blau
da
das

dein
dem
den
der
des
dir
doch
drei
du
durch
ein
eins
elf
er
es
fünf
gleich
grün
hin
ich
im

in
ins
ist
ja
kein
klar
klein
los
mich
mir
nach
nein
nicht
noch
nun
nur
rasch
reich
rein
schmal
schön

schwach
schwer
sich
so
tun
um
war
was
weich
weil
wem
wer
wir
wo
zum
zur
zur
zwei
zwölf

Achtung: un**d** / sin**d** / bis**t**

Diese Wörter muss man sich merken, denn man kann den letzten Buchstaben „d“ nicht eindeutig hören und von „t“ unterscheiden.

Alles braucht seine Zeit.

Jeder Mensch braucht seine Zeit:
Zeit zum Laufenlernen,
Zeit zum Zahnen,
Zeit zum Erwachsenwerden,
Zeit zum **Lesen-** und **Schreibenlernen.**

Und alle Menschen brauchen dafür
unterschiedlich lange.

A. Lauttreue Wörter

Übungseinheiten in aufeinander aufbauender Reihenfolge
Übungsziel: lauttreue Wörter schreiben lernen

Vorübung (s. S. 16): Kurze lauttreue Wörter schreiben lernen (Wörterliste S. 17)

1. **Übungseinheit:** Mehrsilbige lauttreue Wörter schreiben (Wörterlisten S. 21 und 22)

Und so können Sie den Schwierigkeitsgrad erhöhen:

2. **Übungseinheit:** Zusammengesetzte **Nomen** ❽ (Wörterliste S. 22)
3. **Übungseinheit:** Lauttreue Wörter und Groß-/Kleinschreibung (Wörterlisten S. 21 und 22)
4. **Übungseinheit:** Schwierige Laute: z. B. ng, nk ... (Wörterliste S. 28)
5. **Übungseinheit:** Schwierige Laute und Groß-/Kleinschreibung
6. **Übungseinheit:** Schwierige Laute in zusammengesetzten Nomen (Wörterlisten S. 17, 21, 22 und 28)
7. **Übungseinheit:** Schwierige Laute: pf (Wörterliste S. 31)
8. **Übungseinheit:** Schwierige Laute: pf und Groß-/Kleinschreibung
9. **Übungseinheit:** Schwierige Laute: pf in zusammengesetzten Nomen (Wörterlisten S. 17, 21, 22, 28 und 31)
10. **Übungseinheit:** Kurze Wörter verlängern (Wörterliste S. 33)
11. **Übungseinheit:** Kurze Wörter und Groß-/Kleinschreibung
12. **Übungseinheit:** Zusammenfassende Übung mit Wörtern aus allen bisher bekannten Wörterlisten

Begriffserklärung
❽ **Nomen:** Auch Substantiv, Hauptwort, Namenwort oder Dingwort, z. B „Haus“, „Banane“, „Kind“ usw.

Übungsziel: lauttreue Wörter schreiben lernen

1. Übungseinheit: Mehrsilbige lauttreue Wörter schreiben (Wörterlisten S. 21 und 22)

Rechtschreibstrategie: „Sprich beim Schreiben jedes Wort getrennt mit!“

Sagen Sie Ihrem Kind:

Du machst heute keinen Fehler, wenn du die Wörter, die ich dir diktiere, beim Schreiben ***deutlich getrennt*** *mitsprichst. Alle Wörter, die ich dir heute diktiere, schreibt man groß* (bzw. klein).

Lassen Sie ihr Kind jedes Wort vor dem Aufschreiben **laut vorsprechen.** Erst, wenn es alle Buchstaben deutlich vorgesprochen hat, soll es schreiben:

Eltern: Blume?
Kind: Blu - me!
Eltern: Gut, schreibe auf!

- Wenn Sie Ihrem Kind Großschreibung vorgeben, dann diktieren Sie nur Nomen.
- Wenn Sie Ihrem Kind Kleinschreibung vorgeben, dann diktieren Sie nur andere Wortarten.
- Wenn Ihr Kind lauttreue Wörter sicher schreiben kann, erhöhen Sie die Schwierigkeit!

Lauttreue mehrsilbige Wörter

Bir-ne
Blu-me
Ge-mü-se
Ha-se
Ho-se
In-sel
Ja-nu-ar
Ju-li
Kno-chen
Kü-che
Na-se
Pau-se
Ro-se
Sa-che
Scha-le
Sche-re
Schu-le

Ta-sche
Wo-che
Wür-mer
Zei-chen

al-so
bei-na-he
bö-se
brem-sen
da-ran
da-ran
da-rum
ei-len
ei-ne
ei-nem
ei-nes
ein-mal

ge-heim
ger-ne
hei-len
ho-len
hö-ren
je-der
ko-chen
la-chen
lau-fen
ler-nen
le-sen
lö-schen
ma-len
mei-nen
rau-chen
rech-nen
rei-chen

rei-sen
ru-fen
schei-nen
schlei-chen
si-cher
su-chen
tau-chen
tei-len
tur-nen
un-ser
war-nen
wa-schen
we-ben
wei-nen
wün-schen
zeich-nen

Lauttreue Wörter, die man deutlich sprechen muss

p/b

Bauch
Be-cher
Bo-den
Bo-te
Bu-de
Er-leb-nis
Ga-bel
Hau-be
Lam-pe
Le-ben
Mö-bel
Nach-bar
Om-ni-bus
Pa-pa-gei
Pa-te

Pa-tro-ne
Pau-ke
Pech
Pil-ze
Po-kal
Po-li-zei
Po-sau-ne
Post
Prü-gel
Pu-del
Pu-ma
Pum-pe
Pur-zel-baum
Ra-be
Rau-pe
Schna-bel
Sep-tem-ber

a-ber
ar-bei-ten
blu-ten
er-lau-ben
ge-ben
glau-ben
gra-ben
ha-ben
he-ben
ju-beln
kle-ben
le-ben
lo-ben
ne-ben
o-ben
plump
pum-pen

sau-ber
schrei-ben
trei-ben

g/k

Au-ge
Dok-tor
Ga-bel
Gau-ner
Gei-ge
Ha-ken
I-gel
Ka-chel
Ke-gel
Keil
Ku-chen

Ku-gel
Kür-bis
Ok-to-ber
Ra-ke-te
Re-gen
Schau-kel
Scho-ko-la-de
Wa-gen
Wol-ke

be-we-gen
ja-gen
le-gen
lü-gen
mö-gen
sa-gen
schla-gen
schwei-gen
tra-gen
we-gen
zei-gen

t/d

Au-to
Bru-der
Dach
Durst
Fe-der
Gar-ten
Ho-tel
Le-der
Lei-ter
Li-mo-na-de
Li-ter
Me-ter
Mi-nu-te
Mo-tor
Na-tur
No-te
Pe-ter
Schul-ter
Sei-te
Toch-ter
To-ma-te
Tü-te
Wie-de

ach-ten
ba-den
bei-de
be-rei-ten
be-rich-ten
be-ten
ge-ra-de
hal-ten
hei-ra-ten
je-der
kos-ten
lei-den
lei-ten
mel-den
mü-de
o-der
ra-ten
re-den
rei-ten
ru-dern
sel-ten
tre-ten
we-der
wer-den

Zusammengesetzte Nomen

Bilden Sie aus den Wörterlisten der S. 17, 21 und 22 zusammengesetzte Nomen wie Naturerlebnis, Möbelwagen, Taschenpost, usw. Dabei dürfen keine Wörter verwendet werden, die Ihr Kind noch nicht geübt hat – es soll ja möglichst fehlerfrei schreiben. Natürlich können Sie auch Worte erfinden wie z. B. Gemüsepolizei, Haubenpudel usw. Den Kindern machen solche Unsinnwörter großen Spaß!

Würden Sie Ihr Kind tadeln,
weil es eine bestimmte Augenfarbe geerbt hat?
Oder würden Sie es Ihrem Kind übelnehmen,
wenn es kurzsichtig wäre?

2. Übungseinheit: Zusammengesetzte Nomen (Wörterliste S. 22)

Sagen Sie Ihrem Kind:
Ich zeige dir heute, wie wichtig es ist, die Wörter in kleine Stücke (Silben) zu teilen. Ich diktiere dir ganz lange Wörter und ich wette, du machst keinen einzigen Fehler! Schreibe alle Wörter groß!

Eltern: Schokoladentafel?
Kind: Scho - ko - la - den - ta - fel!
Eltern: Ein langes Wort und doch ganz einfach, wenn man es trennt! Schreibe auf!

Eltern: Rabenschnabel?
Kind: Ra - ben - schna - bel!
Eltern: Gut, schreibe auf!

Achten Sie darauf, dass Ihr Kind die Wörter beim Schreiben **laut** und **deutlich** getrennt mitspricht. Die Kinder sind meist sehr stolz darauf, dass sie so „schwierige" lange Wörter schon fehlerfrei schreiben können.

3. Übungseinheit: Lauttreue Wörter und Groß-/Kleinschreibung (Wörterlisten S. 21 und 22)

Rechtschreibstrategie: „Denk **vor** dem Aufschreiben nach, ob man das Wort groß oder klein schreibt!"

- Wenn Ihr Kind die lauttreuen Wörter sicher schreiben kann, erweitern Sie die Schwierigkeit und trainieren gleichzeitig die Groß-/Kleinschreibung:

Sagen Sie zu Ihrem Kind:
Bevor du mit dem Schreiben beginnst, musst du heute nachdenken, ob man das Wort groß oder klein schreibt!

- Mit „die, der, das" überprüft man, ob das Wort ein Nomen ist und groß geschrieben wird: Haus – das Haus, Wolke – die Wolke, usw.

Eltern: Lampe?
Kind: Lam - pe, die Lampe – groß!
Eltern: Gut, schreibe auf!

– Mit „ich“ (du, er, sie, es, ...) überprüft man, ob es sich um ein **Verb** ❾ handelt und klein geschrieben wird:
laufen – ich laufe, schneien – es schneit, usw.

Eltern: laufen?
Kind: lau - fen, ich laufe – klein!
Eltern: Gut, schreibe auf!

Achtung: Sehr bald kommt Ihr Kind darauf, dass man vor Verben auch das Wörtchen „das“ setzen kann, z. B. laufen – das Laufen. Antworten Sie: „Ja, du hast Recht, das gibt es! Dann schreibt man ‚laufen‘ wirklich groß. Prüfe aber zuerst mit ‚ich ...‘, ob es nicht doch ein Verb ist!“

– Mit „Wie ist es?“ überprüft man, ob es sich um ein **Adjektiv** ❿ handelt und damit klein geschrieben wird:
laut – Wie ist es? – laut; kalt – wie ist es? – kalt, usw.

Eltern: müde?
Kind: mü - de, wie bin ich? müde – klein!
Eltern: Gut, schreibe auf!

Die Groß-/Kleinschreibung beschäftigt die Schüler noch lange, bis weit in die höheren Klassen. Bleiben Sie solange bei dieser Übung, bis Ihr Kind die Regeln automatisch beherzigt.

Begriffserklärung

❾ **Verb:** Auch Zeitwort, Tätigkeitswort, Tunwort oder Tuwort, z. B. „gehen“, „laufen“, „werfen“ usw.

❿ **Adjektiv:** Auch Eigenschaftswort, Wiewort oder Beiwort, z. B. „groß“, „hell“, „langsam“ usw.

4. Übungseinheit: Schwierige Laute: z. B. ng, nk, nd, nt ... (Wörterliste S. 28)

Sagen Sie Ihrem Kind:

Jetzt wird es ein bisschen schwieriger. Man kann die Buchstaben nur hören, wenn man sie beim Trennen deutlich spricht. Wir schreiben heute alle Wörter groß (bzw. klein).

Diktieren Sie nun entweder zehn Nomen oder zehn Verben. Kombinieren Sie g/k-, p/b- oder d/t-Wörter!

Z. B. ng/nk-Wörter:

Eltern: singen?
Kind: sin - gen!
Eltern: Gut, schreibe auf!

Eltern: schenken?
Kind: schen - ken!
Eltern: Gut, hast du den Buchstaben in der Mitte gehört? Also, schreibe auf!

5. Übungseinheit: Schwierige Laute und Groß-/Kleinschreibung

Sagen Sie Ihrem Kind:

Jetzt musst du auf die schwierigen Buchstaben aufpassen ***und*** *auf die Groß-/Kleinschreibung.*

z.B: ng-Wörter

Eltern: gelingen?
Kind: ge - lin - gen, es gelingt – klein!
Eltern: Gut, schreibe auf!

Eltern: Hunger?
Kind: Hun - ger, der Hunger – groß!
Eltern: Gut, schreibe auf!

6. Übungseinheit: Schwierige Laute in zusammengesetzten Nomen (Wörterlisten S. 17, 21, 22 und 28)

Sagen Sie Ihrem Kind:

Jetzt wird es wieder ein bisschen schwieriger. Du musst jetzt gut auf die schwierigen Buchstaben in der Mitte des Wortes achten! Man kann sie nicht so deutlich hören, weil noch ein weiteres Wort dranhängt. Schreibe alle Wörter groß.

Eltern: Trinkglas?
Kind: Trink - glas!
Eltern: Gut, hast du die Buchstaben in der Mitte gehört? Schreibe auf!

Eltern: Tanzschule?
Kind: Tanz - schu - le!
Eltern: Gut, achte auf die schwierigen Buchstaben!

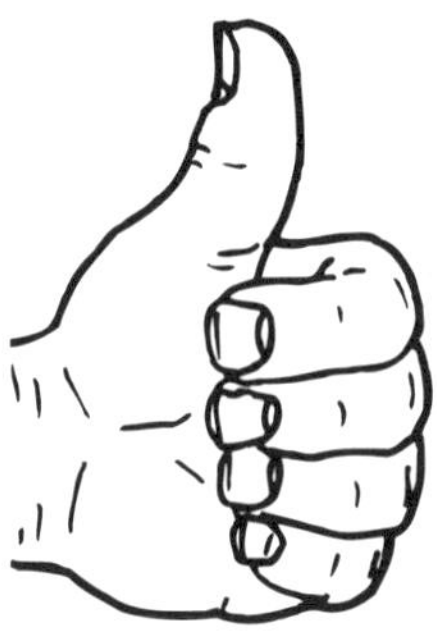

Haben Sie Ihr Kind heute schon gelobt?

Schwierige Laute: ng, nk, nd, nt, rg, rk

An-ker
Angst
Ber-ge
Bun-ker
En-de
En-kel
En-te
Er-de
Fer-kel
Fun-ken
Gar-ten
Ge-dan-ke
Gur-gel
Gur-ke
Hun-ger
Kan-te
Kar-te
Klin-ke
Len-ker
Lin-de
Man-tel
Mar-der
Mar-ke
Men-ge
Mör-tel
Nor-den
On-kel
Ren-te
Rin-de

Schlan-ge
Stun-de
Tan-te
Tin-te
Un-ke
Wan-gen
Win-kel
Win-ter
Wun-de
Zent-ner
Zun-ge

an-geln
ant-wor-ten
ban-gen
bin-den
blin-ken
brin-gen
dan-ken
den-ken
emp-fan-gen
emp-fin-den
ern-ten
fan-gen
fin-den
fin-gen
flun-kern
ge-lan-gen
ge-lin-gen

gesun-ken
getrun-ken
hin-dern
klin-gen
pflan-zen
rin-gen
san-gen
schen-ken
schin-den
schwin-gen
sen-den
sin-gen
sin-ken
sprin-gen
tan-zen
trin-ken
wan-dern
wan-ken
wen-den
win-den
zwin-gen

dun-kel

links
(kommt von
„lin-ke Seite")

son-dern

7. Übungseinheit: Schwierige Laute: pf (Wörterliste S. 31)

Sagen Sie zu Ihrem Kind:

Bei den folgenden Wörtern kann man nicht genau hören, welche Buchstaben man braucht. Wenn man „pf“ spricht, braucht man p - f. Ich diktiere dir heute nur Wörter, die man groß (bzw. klein) *schreibt.*

Eltern: Pflanze – achte auf die ersten beiden Buchstaben!
Kind: Pflan - ze!
Eltern: Gut, schreibe auf!

Eltern: Apfel – trenne und achte auf die Buchstaben in der Mitte!
Kind: Ap - fel!
Eltern: Gut, schreibe auf!

8. Übungseinheit: Schwierige Laute: pf und Groß-/Kleinschreibung

Sagen Sie Ihrem Kind:

Jetzt wird es ein bisschen schwieriger. Du musst jetzt auf das „pf“ achten ***und*** *auf die Groß-/ Kleinschreibung!*

Eltern: hüpfen?
Kind: hüp - fen, ich hüpfe – klein!
Eltern: Gut, schreibe auf!

Eltern: tapfer?
Kind: tap - fer, wie ist es? tapfer – klein!
Eltern: Gut, hast du die Buchstaben in der Mitte gehört? Also, schreibe auf!

9. Übungseinheit: Schwierige Laute: pf in zusammengesetzten Nomen (Wörterlisten S. 17, 21, 22, 28 und 31)

Sagen Sie Ihrem Kind:

Jetzt wird es wieder ein bisschen schwieriger. Du musst jetzt gut auf das „pf" in der Mitte des Wortes achten! Man kann es nicht deutlich hören, weil noch ein weiteres Wort dranhängt. Schreibe alle Wörter groß.

Eltern: Kopftuch?
Kind: Kopf - tuch!
Eltern: Gut, hast du die Buchstaben in der Mitte gehört? Schreibe auf!

Eltern: Knopfloch?
Kind: Knopf - loch!
Eltern: Gut, achte auf die schwierigen Buchstaben!

Vergessen Sie nicht,
dass Ihr Kind in anderen Bereichen
gute oder sogar sehr gute
Leistungen zeigen kann!

Schwierige Laute: pf

Pf/pf am Anfang des Wortes

Pfau
Pfei-fe
Pfeil
Pfer-de
Pfir-sich

Pflan-ze
Pflas-ter
Pflau-me
Pfle-ge
Pflich-ten

Pfo-te
Pfor-te
Pfos-ten
Pfun-de

pfei-fen

pflan-zen
pflas-tern
pfle-gen
pflü-gen

pf im Wortstamm

Ap-fel
Dampf
Gip-fel
Imp-fung
Kämp-fer
Kampf
Karp-fen
Knopf
Kopf
Krampf
Napf

Schopf
Sumpf
tap-fer
Topf
Trop-fen
Zap-fen
Zip-fel
Zopf

emp-fan-gen
emp-fin-den
hüp-fen

imp-fen
klop-fen
rup-fen
schimp-fen
schlüp-fen
schöp-fen
stop-fen
trop-fen
zup-fen

stumpf

10. Übungseinheit: Kurze Wörter verlängern (Wörterliste S. 33)

Rechtschreibstrategie: „Mach kurze Wörter lang, damit du den letzten Buchstaben deutlich hören kannst!“

Sagen Sie zu Ihrem Kind:
Wenn ein Wort so kurz ist, dass man es nicht trennen kann, dann versuche es zu verlängern, damit du den letzten Buchstaben deutlich hören kannst. Schreibe die Wörter heute groß (bzw. klein)!

Lassen Sie Ihr Kind laut vorsprechen, so dass es den Auslaut durch Verlängern und Trennen deutlich hört.

Eltern: Hund. Dieses Wort kann man nicht trennen – versuche, es zu verlängern!
Kind: Hund, Hun - de!
Eltern: Gut, jetzt hörst du, ob du am Schluss ein „d“ oder ein „t“ schreiben musst!

Eltern: Schrank. Verlängere das Wort, damit du den letzten Buchstaben gut hören kannst!
Kind: Schrank, Schrän - ke!
Eltern: Gut, jetzt weißt du, wie man es schreibt.

Üben Sie zuerst mit Ihrem Kind alle kurzen Wörter, die man in die Mehrzahl setzen oder anders verlängern kann, z. B.:

Gold – gol-dig   Musik – mu-si-ka-lisch

11. Übungseinheit: Kurze Wörter und Groß-/Kleinschreibung

Sagen Sie zu Ihrem Kind:
Mach die Wörter heute länger ***und*** *denke an die Groß-* (bzw. Klein-)*schreibung.*

Eltern: schlank!
Kind: schlan - ke, wie ist er? schlank – klein!
Eltern: Gut, schreibe auf!

Schwierige Endlaute / kurze Wörter

t

Angst
Arzt
Ast
Bart
Brot
Frucht
Ge-sicht
Haut
Kraft
Kraut
Licht
Mag-net
Mo-nat
Nacht
Pa-ket
Sa-lat
Saft
Welt
Wort
Zeit

acht
alt
be-reit
bunt
echt
gut
halt
hart
hart
hun-dert
kalt
kalt
laut
leicht
rot
seicht
weit
zart

d

Band
Bild
Brand
Feld
Ge-wand
Geld
Gold
Hand
Hund
Kind
Land
Mund
Pferd
Pfund
Rand
Rind
Stand
Wald
Wand
Wind

blind
ge-sund
je-mand
rund
tau-send
wild
wund

k

Bank
Fabrik
Fink
Funk
Schrank
Tech-nik

blank
flink
krank
schlank
stark

g

Berg
Flug
Flug-zeug
Frei-tag
Kä-fig
Klang
Kö-nig
Mon-tag
Ring
Sams-tag
Sprung
Steg
Tag
Weg
Zug
Zwang
Zwerg

fer-tig
jung
kräf-tig
lang
lus-tig
mäch-tig
rich-tig
saf-tig
san-dig
streng
trau-rig
tüch-tig
wich-tig
zor-nig

b

Bub
halb
Laub
Stab
Staub
Ur-laub

p

plump
Lump

Auch die Wörter auf -ung kann man hier üben. Sie können verlängert werden (z. B. Zei - tun - gen).

Zei-tung	Sen-dung	Rei-bung
Klei-dung	Schei-dung	Nei-gung
Mei-nung	Schwin-gung	Be-glei-tung

Eltern: Wind!
Kind: Win - de, der Wind – groß!
Eltern: Gut, schreibe auf!

12. Übungseinheit: Zusammenfassende Übung mit Wörtern aus allen bisher bekannten Wörterlisten

Strategie 1: „Sprich die Wörter beim Schreiben getrennt mit."

Strategie 2: „Denk vor dem Schreiben darüber nach, ob man das Wort groß oder klein schreibt."

Strategie 3: „Verlängere kurze Wörter."

– Diktieren Sie Ihrem Kind Wörter aus den verschiedenen bisher geübten Wörterlisten bunt durcheinander.

– Bilden Sie kleine Sätze aus den Wörtern. Besprechen Sie aber stets die Groß-/Kleinschreibung, damit Ihr Kind wirklich weitgehend fehlerfrei schreiben kann.

Zum Beispiel:

Ich le - se ger - ne ein Buch.
Ich ma - le den Gar - ten.
Wir su - chen Blu - men am Bach.

Wir ach - ten auf sau - be - re Mö - bel.
Je - de Wo - che ler - ne ich an - de - re Wör - ter.
Wir wan - dern im Ok - to - ber in die Ber - ge.
In der Tü - te sind To - ma - ten.
usw.

Achtung: Verwenden Sie die Verben nur in der Ich- oder der Wir-Form, solange Ihr Kind nicht sicher weiß, dass man in der Er / Sie / Es-Form am Ende des Verbs in der Regel ein „t" braucht!

– Erfinden Sie aus den Wörterlisten „Schlangenwörter":

Gar - ten - lam - pen - schirm
Win - ter - ro - sen - blu - me
usw.

Es dürfen ruhig Unsinnwörter sein. Es macht den Kindern großen Spaß und macht sie stolz, so lange Wörter richtig schreiben zu können!

Sie haben jetzt schon viel geschafft!

Denken Sie auch daran, dass es in Ihrer Familie sicher jemanden gibt, der trotz Schwierigkeiten beim Erlernen des Lesens oder Rechtschreibens im Leben viel erreicht hat.

B. Wörter, die man anders schreibt als man sie spricht

Übungseinheiten in aufeinander aufbauender Reihenfolge

Übungsziel: Wörter schreiben lernen, die man anders schreibt als spricht

1. Übungseinheit
Wörter mit st/sp am Wortanfang (Wörterlisten S. 37 und 38)

Und so können Sie den Schwierigkeitsgrad erhöhen:

2. Übungseinheit
St/sp-Wörter und Groß-/Kleinschreibung,

3. Übungseinheit
Zusammengesetzte Wörter mit st/sp.

4. Übungseinheit
Zusammengesetzte Wörter und Groß-/Kleinschreibung (Wörterlisten S. 17, 21, 22, 28, 37 und 38)

5. Übungseinheit
Zusammenfassende Übung mit Wörtern aus allen bisher bekannten Wörterlisten

Wörter mit st / sp

1. Übungseinheit: Wörter mit st/sp am Wortanfang (Wörterliste S. 37 und 38)

Rechtschreibstrategie: „Pass auf, es gibt Wörter, die man anders schreibt als spricht!"

Sagen Sie zu Ihrem Kind:

Jetzt üben wir Wörter, die man anders schreibt als spricht: wir sagen „schpülen", aber wir schreiben „s - pülen". Wir schreiben heute alle Wörter groß (bzw. klein)

Lassen Sie Ihr Kind nun laut vorsprechen, was es aufschreibt. Natürlich darf es das Trennen nicht vergessen.

Eltern: schprechen – sag genau, welche Buchstaben du schreibst!
Kind: s/pre - chen!
Eltern: Gut, schreibe auf!

Eltern: schparen?
Kind: s/pa - ren!
Eltern: Gut, schreibe auf!

Ebenso üben Sie die Wörter mit st, str, spr.

In der Wörterliste befinden sich nur Wörter mit st / sp, in denen sich keine weiteren rechtschriftlichen Schwierigkeiten befinden. Wörter wie Spiegel, Spaß, Stadt, Stuhl usw. kommen nicht vor. Das Ziel aller Übung ist ja, dass Ihr Kind fehlerfrei schreiben kann – deshalb vermeiden wir jede weitere Fehlerquelle!

Wörter mit st / sp

Sp / sp

Ge-spenst
Spa-ten
Spach-tel
Spal-te
Spar-gel
Spar-kon-to
Spar-schwein
Spei-cher
Spei-se
Spen-de
Spen-den-kon-to
Spo-ren
Sport
Spra-che
Sprach-schu-le

Sprach-sil-be
Sprech-pau-se
Sprech-tag
Sprech-zeit
Sprich-wort
Spring-kraut
Spring-maus
Spring-rei-ter
Spring-seil
Sprit
Spru-del
Spruch
Spül-ma-schi-ne
Spur
Zu-spei-se

ab-spü-len

ein-spei-chern
spa-ren
spal-ten
spar-sam
spei-chern
spen-den
sprach-lich
spre-chen
spren-gen
sprin-gen
sprin-ten
spu-ken
spü-len
spu-ren
spü-ren
spu-ten

St / st			
Stab	Stift	stark	stö-ren
Stan-ge	Stirn	stau-ben	stolz
Stän-gel	Stra-fe	stau-big	stre-ben
Star	Strand	stau-nen	strei-cheln
Staub	Strauch	ste-chen	streng
Steg	Strom	stei-gen	stumpf
Stein	Stu-fe	stei-nig	stür-men
Stern	Stu-te	steif	stür-zen
	Stun-de	steil	
	Sturm	ster-ben	

Im Vergleich dazu: Wörter mit „st“ im Wortstamm

Angst	Nest	bist	ros-ten
Au-gust	Obst	fest	selbst
Fens-ter	Os-tern	flüs-tern	sonst
Fest	Post	ges-tern	
Geist	Rest	kos-ten	
Kunst	Wurst	lus-tig	

Achtung: Viele Verben in der 2. Person Einzahl enden auf „st“: „du saust“, „du sagst“, „du machst“. Diktieren Sie sie bitte nur in Verbindung mit lauttreuen Wörtern!

2. Übungseinheit: st/sp Wörter und Groß-/Kleinschreibung,

Sagen Sie zu Ihrem Kind:

Jetzt wird es wieder ein wenig schwieriger. Du musst zusätzlich darauf aufpassen, ob man das Wort klein oder groß schreibt.

Diktieren Sie z. B.:

Eltern: Stein?
Kind: S/tein, der Stein – groß!
Eltern: Gut, schreibe auf!

oder

Eltern: springen?
Kind: s/prin - gen, ich springe – klein!
Eltern: Gut, schreibe auf!

3. Übungseinheit: Zusammengesetzte Wörter mit st/sp ...

Sagen Sie zu Ihrem Kind:

Jetzt sind die Wörter lang und ein Wort mit st (sp) ist darin versteckt. Pass gut auf! Heute schreiben wir alle Wörter groß (bzw. klein).

Diktieren Sie z. B. Verben mit st / sp, die eine Vorsilbe haben: ein-, ab-, vor-, zu-, weg-, ...

Eltern: einsparen?
Kind: ein - s/pa - ren!
Eltern: Gut, schreibe auf!

Diktieren Sie Nomen mit st / sp in Wortzusammensetzungen, z. B. Sparschwein, Geldspende, Getreidespeicher, Nachspeise usw.

4. Übungseinheit: Zusammengesetzte Wörter und Groß-/Kleinschreibung (Wörterlisten S. 17, 21, 22, 28, 37 und 38)

Sagen Sie zu Ihrem Kind:

Jetzt schreiben wir zusammengesetzte Wörter und du musst aufpassen, ob man sie groß oder klein schreibt!

Eltern: Edelstein?
Kind: E - del - s/tein, der Edelstein – groß!
Eltern: Gut, schreibe auf!

Eltern: abspülen?
Kind: ab - s/pü - len, ich spüle ab – klein!
Eltern: Gut, schreibe auf!

Mundartliche Sprachfärbungen

So wie die Wörter auf „st“ und „sp“ werden im Anschluss alle Wörter geübt, die in der Umgangssprache von ihrer Schreibung mehr oder weniger stark abweichen.

Es führt hier leider zu weit, auf alle regionalen Besonderheiten einzugehen. Deshalb zeige ich als Beispiel die Übung mit Wörtern auf „-ig“.

Üben der Wörter mit -ig am Ende des Wortes

Rechtschreibstrategie: „Pass auf, es gibt Wörter, die man anders schreibt als spricht!“

Sagen Sie zu Ihrem Kind:

Jetzt üben wir Wörter, die man anders schreibt als spricht. Wir sagen „salzich“, aber wir schreiben „salzig“. Wir schreiben alle Wörter klein.

Lassen Sie Ihr Kind nun laut vorsprechen, was es aufschreibt. Natürlich darf es das Trennen nicht vergessen.

Eltern: salzich – sag genau, welche Buchstaben du schreibst!
Kind: sal - zig!
Eltern: Gut, schreibe auf!

Eltern: kernich?
Kind: ker - nig!
Eltern: Gut, schreibe auf!

Die weiteren Übungsabschnitte lehnen sich je nach Rechtschreibfall an die Übungen der Wörter mit st / sp an.

Trainieren Sie erst die Besonderheit im Wort. Üben Sie dann den Rechtschreibfall zusammen mit der Groß-/Kleinschreibung bzw. in zusammengesetzten Wörtern.

5. Übungseinheit: Zusammenfassende Übung mit Wörtern aus allen bisher bekannten Wörterlisten

- Jede neue Schwierigkeit üben Sie zuerst isoliert. Die Groß-/Kleinscheibung bleibt so lange außer Acht, bis das Kind den Rechtschreibfall beherrscht.
- Erfinden Sie zusammengesetzte Wörter. Wichtig: Verwenden Sie dabei nur Wörter aus den bisher geübten Wörterlisten. So vermeiden sie neue Fehlerquellen!
- Erfinden Sie kurze Sätze aus den bisher gelernten Wörtern wie „Er spült den Topf.“, „Wir kosten die Nachspeise.“, „Ich bin lustig.“, „Die Speisen sind salzig.“ usw.
- Man kann den Schwierigkeitsgrad weiter erhöhen, indem man ein gemischtes Zehn-Wörter-Diktat schreiben lässt: lauttreue Wörter **und** Wörter, die man anders schreibt als spricht.

Sagen Sie z. B. zu Ihrem Kind:

Heute diktiere ich dir wieder zehn Wörter. Vier davon schreibt man anders, als man sie spricht.

Sie haben nun
ein solides Fundament gelegt –
auch wenn es viele Wörter gibt,
die Ihr Kind noch nicht schreiben kann.

C. Wörter mit Mitlautverdopplung (mm, nn, ll, ff usw.)

Übungseinheiten in aufeinander aufbauender Reihenfolge

Übungsziel: Wörter mit Mitlautverdopplung (mm, nn, ll, ff usw.)

1. Übungseinheit: Wörter mit langem und kurzem Selbstlaut ⓫ unterscheiden (Wörterliste S. 47)

Und so können Sie den Schwierigkeitsgrad erhöhen:

2. Übungseinheit: Wörter mit Mitlautverdopplung und Groß-/Kleinschreibung

3. Übungseinheit: Kurze Wörter verlängern (Wörterliste S. 49)

4. Übungseinheit: Verben in der 3. Person Einzahl (Wörterliste S. 51)

5. Übungseinheit: Verben in der 3. Person Einzahl in Sätzen

6. Übungseinheit: Wörter mit und ohne Mitlautverdopplung

7. Übungseinheit: Wörter mit Mitlautverdopplung in Zusammensetzungen

8. Übungseinheit: Wörter mit ck (Wörterliste S. 56)

9. Übungseinheit: Wörter mit ck trennen

10. Übungseinheit: Mitlautfolge nach ei, au, äu, eu (Wörterliste S. 57)

11. Übungseinheit: Anwendung aller bisher gelernten Rechtschreibstrategien in kurzen Sätzen

Begriffserklärung
⓫ **Selbstlaute:** Auch Vokale. Die Laute, die sich als folgende Buchstaben im Alphabet darstellen: a, e, i, o und u; die Umlaute ä, ö und ü; die Diphtonge (Zwielaute, Doppellaute) ei, ai, eu und äu.

1. Übungseinheit: Wörter mit langem und kurzem Selbstlaut unterscheiden (Wörterliste S. 47)

Sagen Sie zu Ihrem Kind:

Trenne das Wort „Ofen“: O - fen; und nun trenne das Wort „offen“: of - fen. Hörst du den Unterschied? In „O - fen“ ist das „O“ lang, in „of - fen“ ist das „o“ kurz!

- Betonen Sie dabei das „O“ in O - fen deutlich!
- Beim Trennen soll Ihr Kind unterscheiden lernen, ob ein Wort eine Mitlautverdopplung (z. B. ll, mm, nn, ss, tz, ck, rr, ...) enthält oder nicht.
- Ihr Kind braucht viel Übung, bis es diese Strategie sicher beherrscht. Anfangs trennen Kinder häufig so:

Beispielsatz:	Die Kinder schlafen.
Ihr Kind spricht:	Die Kin - der schla**f - f**en.

Es betont das „a“ und fügt das „f“ an die erste Silbe an. Die richtige Trennung lautet natürlich:

„Wir schla - fen“, aber:
„mit schlaf - fen Armen“

Hier ist richtiges Vorsprechen sehr wichtig. Es lohnt sich, auf die richtige Aussprache eines Wortes hinzuweisen, wann immer das Kind es falsch schreibt.

Wenn Ihr Kind unsicher wird, lassen Sie es das Wort zum Fenster hinausschreien („Ha - sen“ oder „has - sen“?). Es merkt sofort: Nur Silben mit langem Selbstlaut kann man richtig laut schreien.

Wichtig: Die Kinder müssen hören lernen, dass die Selbstlaute (a, e, i, o, u,) lang *und* kurz gesprochen werden können, und sie müssen erkennen, dass zwei Mitlaute, z. B. mm, nn, ss, ll, ck (kk), ff, pp, tt, tz (zz) den Selbstlaut davor verkürzen.

Im Vergleich dazu spricht man den Selbstlaut (a, e, i, o, u) in Wörtern, in denen nach dem Selbstlaut ein einziger Mitlaut folgt, lang: z. B.

Be-sen	Ka-mel	Sa-men	gra-ben
Blu-se	Ka-ter	Schä-fer	ka-men
Bo-te	Kö-nig	Scha-le	le-sen
Da-me	Kro-ne	Stu-fe	ma-len
Ge-mü-se	Me-ter	ba-den	qua-ken
Ha-se	Na-men	be-ten	ro-deln
He-fe	O-fen	ge-ben	schla-fen
Hü-te	Ra-sen		

(usw. siehe Wörterlisten Lauttreue Wörter)

Sagen Sie zu Ihrem Kind:

Trenne das Wort und vergleiche! Klingt der Selbstlaut lang oder kurz? Wir schreiben heute alle Wörter groß (bzw. klein)!

Eltern: Butter?
Kind: But - ter!
Eltern: Überlege und vergleiche: Bu - ter oder But - ter?
Kind: But - ter!
Eltern: Sprich das Wort leise getrennt mit, wenn du es aufschreibst.

– Lassen Sie die Wörter mit Verdopplungen immer auf **beide Arten** aussprechen:

es - sen – e - sen
fal - len – fa - len

– Wiederholen Sie diese Hörübungen, bis Ihr Kind ein Gespür für Aussprache und Trennung des Wortes bekommt.

– Haben Sie Geduld, wenn Ihr Kind immer wieder Trennfehler macht. Kinder brauchen **unterschiedlich lang,** bis sie die vergleichende Aussprache wirklich richtig anwenden können. Es hängt auch von ihrem Gefühl für Sprachrhythmus, von ihrer Fähigkeit, gehörte Laute zu verarbeiten und von ihrer Musikalität ab. Wenn hier Fähigkeiten fehlen, ist Ihr Kind nicht dafür verantwortlich. Lassen Sie Ihrem Kind **Zeit** und geben Sie immer wieder die nötige Hilfestellung.

2. Übungseinheit: Wörter mit Mitlautverdopplung und Groß-/Kleinschreibung

Sagen Sie zu Ihrem Kind:

Jetzt kannst du schon gut hören, ob man ein Wort in der Mitte mit zwei oder mit einem Mitlaut schreibt. Heute musst du noch daran denken, ob man das Wort groß oder klein schreibt.

Eltern: Himmel?
Kind: Him - mel, der Him - mel – groß!
Eltern: Gut, schreibe auf!

Eltern: kommen?
Kind: kom - men, ich kom - me – klein!
Eltern: Gut, schreibe auf!

Achtung: „ck“ und „tz“ sind Verdopplungen: ck = kk, tz = zz

Nach neuer Rechtschreibung trennt man Wörter mit ck nicht so, wie man es bei richtiger Aussprache hört: „Dak-kel“, sondern „Da - ckel“. Diese Trennregel muss man sich merken.

Wörter mit Mitlautverdopplung

Bag-ger
Bag-ger
Bril-le
Brü-cke
But-ter
Da-ckel
Dog-ge
E-cke
Flag-ge
Fut-ter
Gas-se
Ge-wit-ter
Glo-cke
Grip-pe
Grup-pe
Gum-mi
Him-mel
Hit-ze
Hum-mer
Hüt-te
Kar-tof-fel
Kas-se
Kat-ze
Kel-ler
Ket-te
Kis-sen
Klam-mer
Kof-fer
Lip-pe
Löf-fel
Mes-ser
Mit-tag
Mit-te
Mut-ter

Müt-ze
Num-mer
Pfen-nig
Pfüt-ze
Pup-pe
Quel-le
Rü-cken
Schat-ten
Schim-mel
Schlit-ten
Schlüs-sel
Schne-cke
Schup-pen
Schüs-sel
Sem-mel
Ses-sel
So-cken
Som-mer
Son-ne
Span-nung
Spit-ze
Spit-ze
Sprit-ze
Stil-le
Tas-se
Tel-ler
Tep-pich
Trep-pe
Was-ser
We-cker
Wet-ter
Zim-mer

be-gin-nen
bel-len
bes-ser
bil-lig
bit-ten
bit-ter
brum-men
bü-cken
don-nern
dop-pelt
er-in-nern
es-sen
fal-len
fas-sen
flüs-sig
fres-sen
fül-len
ge-win-nen
hat-te
het-zen
hof-fen
jam-mern
klap-pern
klet-tern
knal-len
knur-ren
kom-men
kön-nen
krat-zen
küm-mern
las-sen
me-ckern
mes-sen
mur-ren
müs-sen
nen-nen

nüt-zen
of-fen
pas-sen
put-zen
ren-nen
ret-ten
rol-len
sam-meln
schaf-fen
schar-ren
schim-mern
schnap-pen
schnup-pern
schüt-teln
schwät-zen
schwim-men
schwit-zen
set-zen
sit-zen
spot-ten
sprit-zen
stel-len
stim-men
stri-cken
stüt-zen
tref-fen
tren-nen
tro-cken
wet-ten
wip-pen
wis-sen
wol-len
zit-tern

3. Übungseinheit: Kurze Wörter verlängern (Wörterliste S. 49)

Sagen Sie zu Ihrem Kind:

Du weißt, dass man kurze Wörter oft verlängern muss, damit man den letzten Buchstaben richtig hören kann. Auch bei diesen Wörtern ist es wichtig, dass du das Wort länger machst, damit du entscheiden kannst, ob am Schluss eine Verdopplung steht.

Eltern: Ball?
Kind: Ball – kommt von Bäl - le!
Eltern: Richtig, jetzt weißt du, dass du zwei „l“ am Schluss brauchst.

In einiger Zeit hat auch Ihr Kind die Probleme im Lesen und Rechtschreiben überwunden. Denken Sie an das, was Ihr Kind bereits jetzt schon gut kann!

Kurze, einsilbige Wörter mit Mitlautverdopplungen

Ball	Kamm	Rock	Schmutz	dick	schlimm
Blatt	Klotz	Ross	Schuss	dumm	schnell
Blitz	Kuss	Ross	Spatz	dumm	schrill
Block	Lamm	Sack	Stall	glatt	still
Boss	Mann	Sack	Stamm	hell	stopp
Brett	Netz	Satz	Stamm	knapp	straff
Druck	Nuss	Schiff	Stück	krumm	stumm
Fell	Pass	Schiff	Stück	nass	
Fluss	Pfiff	Schloss	voll	null	
Glück	Platz	Schluss	Zweck	prall	
Gott	Riss	Schluss		schlapp	

Achtung: Die Wörter „überall“, „wenn“ und „denn“ kann man nicht verlängern! Allerdings gibt es bei „wenn“ und „denn“ Partner, nämlich „wen“ und „den“. Nur durch das Gehör kann das Kind entscheiden, ob das „e“ kurz gesprochen wird („wenn“) oder lang („wen“).

Eltern: Wenn du aus der Schule kommst, ist das Essen fertig. Wenn oder wen?
Kind: Wenn – mit zwei „n“!

oder

Eltern: Wen hast du gestern getroffen? Wenn oder wen?
Kind: Wen – mit einem „n“!

Diese Übung eignet sich gut für eine Autofahrt (und wann immer Sie und Ihr Kind Zeit haben: Wartezimmer, Bushaltestelle, Spaziergang ...). Weder Blatt noch Bleistift sind nötig, es zählt allein, dass Ihr Kind hören lernt.

Ebenso verfahren Sie mit den Wortpaaren:

Mann – man
denn – den

Das Wort „überall“ leitet sich von „alles, alle“ ab. Dieses Wort muss man sich merken!

4. Übungseinheit: Verben in der 3. Person Einzahl (Wörterliste S. 51)

Sagen Sie zu Ihrem Kind:

Heute schreiben wir nur Verben. Aber sie sind kurz und du musst überlegen, wie das Verb in seiner Grundform heißt.

(Die Grundform von „sagt" ist „sagen", von „läuft" ist „laufen", von „rennt" ist „rennen" usw.)

Eltern: Er beginnt?
Kind: Beginnt kommt von be - gin - nen!
Eltern: Merk dir also die Besonderheit in diesem Wort!

Diktieren Sie nun die Verben in der Er / Sie / Es-Form, z. B. er bittet, sie hofft, er isst, er fällt, er fasst ...

5. Übungseinheit: Verben in der 3. Person Einzahl in Sätzen

Sagen Sie zu Ihrem Kind:

Heute schreiben wir kleine Sätze. Du kannst wieder fehlerfrei schreiben, wenn du alle Wörter trennst. Überlege beim Verb, wie es in seiner Grundform heißt.

Erfinden Sie kurze Sätze mit ansonsten lauttreuen Wörtern:
„Die Lampe brennt."
„Der Fisch schwimmt."
usw.

Eltern: Das Fest beginnt.
Kind: Das Fest be - ginnt. Beginnt kommt von be - gin - nen.
Eltern: Gut, du hast die Schwierigkeit entdeckt!

Verben mit Mitlautverdopplung

be-gin-nen	jam-mern	pas-sen	sit-zen
bel-len	klap-pern	put-zen	spot-ten
bit-ten	klet-tern	ren-nen	sprit-zen
brum-men	knal-len	ret-ten	stel-len
bü-cken	knur-ren	rol-len	stim-men
don-nern	kom-men	sam-meln	stri-cken
er-in-nern	kön-nen	schaf-fen	stüt-zen
es-sen	krat-zen	schar-ren	tref-fen
fal-len	küm-mern	schim-mern	tren-nen
fas-sen	las-sen	schnap-pen	wet-ten
fres-sen	me-ckern	schnup-pern	wip-pen
fül-len	mes-sen	schüt-teln	wis-sen
ge-win-nen	mur-ren	schwät-zen	wol-len
hat-te	müs-sen	schwim-men	zit-tern
het-zen	nen-nen	schwit-zen	
hof-fen	nüt-zen	set-zen	

Diktieren Sie:

er bittet, sie hofft, er fällt, ...

Achtung: Nach neuer Rechtschreibung schreibt man „ss" vor dem „t" bei allen Wörtern mit „ss" in der Grundform (wie z. B. essen, lassen, fassen)! Man schreibt also: du isst, er lässt, sie fasst, ...

6. Übungseinheit: Wörter mit und ohne Mitlautverdopplung

Sagen Sie zu Ihrem Kind:

Heute musst du genau aufpassen, denn ich diktiere dir Wörter mit Verdopplung und ohne Verdopplung.

Geben Sie Ihrem Kind an, wieviele Wörter mit bzw. ohne Verdopplung in dem Diktat versteckt sind. Leiten Sie es an, gut mitzudenken und damit fehlerfrei zu bleiben.

Eltern: Nase?
Kind: Na - se, ein s!
Eltern: Wie würde das Wort mit ss klingen?
Kind: Nas - se!
Eltern: Gut, dann schreibe Nase auf!

oder

Eltern: Brille?
Kind: Bril - le, zwei l!
Eltern: Wie würde das Wort mit einem l klingen?
Kind: Bri - le!
Eltern: Gut, dann schreibe Brille auf!

Ein Zehn-Wörter-Diktat könnte dann so aussehen:

Kamm	Laden	Mitte	Hotel	Glocke
Hase	Futter	Ente	Garten	Kasse

Es gibt eine **Rechtschreibregel**, die man gut auswendig lernen kann:

Nach n, l, r, das merk dir ja,
kommt nie tz und nie ck!

Nach n, l, r, das merk dir jetzt,
man keinen Doppelmitlaut setzt!

Lernen Sie diesen Merksatz mit Ihrem Kind auswendig und zeigen Sie ihm solche Wörter, wenn sie vorkommen.

Wörter ohne Mitlautverdopplung

z/k

Arzt
Bal-ken
Bir-ke
Bun-ker
En-kel
Fer-kel
Gur-ke
Kan-zel
Kranz
Len-ker
Pan-zer
Pelz
Pil-ze
Quark
Ran-zen
Schan-ze
Schrank
Wan-ze
Win-kel
Wur-zel

blin-zeln
dan-ke
krank
mel-ken
mer-ken
pflan-zen
pur-zeln
schen-ken
tan-zen
win-zig
stark
wür-zen

(s. lauttreue Wörter S. 28)

Bal-ken
Fal-te
Gar-ten
Gur-ke
Man-tel
par-ken
Tan-te
Tin-te
Wol-ke
usw.

7. Übungseinheit: Wörter mit Mitlautverdopplung in Zusammensetzungen

Sagen Sie zu Ihrem Kind:

Heute musst du genau aufpassen, denn ich diktiere dir zusammengesetzte Nomen. In einem von beiden ist ein Wort mit einer Verdopplung versteckt.

Eltern: Schwimmflügel?
Kind: Schwimm - flü - gel!
Eltern: Achte auf das erste Wort!
Kind: Schwimmflügel – kommt von schwim - men!
Eltern: Gut, dann schreibe auf!

Eltern: Esstisch?
Kind: Ess - tisch!
Eltern: Achte auf das erste Wort!
Kind: Esstisch – kommt von es - sen
Eltern: Gut, dann schreibe auf!

Erfinden Sie mit lauttreuen Wörtern zusammengesetzte Wörter (z. B. Messbecher, Fallschnur, Sitzplatz, Putzlumpen, Rennplatz, Knallfrosch, Spritzflasche, Wettschein, Schwitzkasten, Packesel, Stellplatz, Treffpunkt, ...).

8. Übungseinheit: Wörter mit ck (Wörterliste S. 56)

Sagen Sie zu Ihrem Kind:

Heute üben wir Wörter mit ck. Eigentlich ist das „ck" auch eine Mitlautverdopplung: statt „kk" schreibt man „ck". Man kann diese Verdopplung gut hören!

Eltern: Rücken?
Kind: Rük - ken!
Eltern: Wie würde man das Wort mit einem „k" aussprechen?
Kind: Rü - ken!
Eltern: Gut, aus zwei „k" wird ein „ck"!

9. Übungseinheit: Wörter mit ck trennen

Sagen Sie zu Ihrem Kind:

Heute üben wir Wörter mit „ck". Eigentlich ist das „ck" auch eine Mitlautverdopplung, und früher musste man die Wörter mit „k - k" schreiben, wenn man sie trennen wollte, also z. B. Bäk - ker. Heute ist das anders. Man hört das „ck", man schreibt die Wörter getrennt jetzt aber so: Bä - cker, tro - cken.
Diese Trennungsregel musst du dir merken!

Eltern: Rücken?
Kind: Rük - ken, schreibt man mit ck!
Eltern: Wie trennt man Rücken?
Kind: Rü - cken!
Eltern: Gut, schreibe auf!

Diese Trennung kommt recht selten vor, und man braucht nicht sehr viel Zeit darauf zu verwenden.

10. Übungseinheit: Mitlautfolge nach ei, au, äu, eu (Wörterliste S. 57)

Sagen Sie zu Ihrem Kind:

Heute üben wir Wörter, in denen ein au oder äu / eu oder ei vorkommt. Du musst dir merken, dass nach einem ei, au oder eu / äu niemals eine Verdopplung kommt.

Eltern: laufen?
Kind: lau - fen!
Eltern: Gut, denk daran: Nach „au" folgt nie „ff".

Eltern: Mäuse?
Kind: Mäu - se, kommt von Maus!
Eltern: Gut, denk daran: Nach „äu" folgt nie „ss".

Eltern: schaukeln?
Kind: schau - keln!
Eltern: Gut, denk daran: Nach „au“ folgt nie „ck“.

Eltern: heizen?
Kind: hei - zen!
Eltern: Gut, denk daran: Nach „ei“ folgt nie „tz“.

Es gibt eine Rechtschreibregel, die man auswendig lernen kann:

Siehst du in einem Wort ein „au“, „äu“, „eu“, „ie“ oder „ei“
folgt immer nur einer, schreibe niemals zwei!

Wörter mit ck

Backen
Bäcker
Bock
Brücke
Decke
Deckel
Druck
Ecke
Fackel
Flocken
Gebäck
Gepäck
Glocke
Hacke
Hecke
Jacke
Kuckuck
Locke
Mücke
Nacken

Rock
Sack
Schmuck
Schnecke
Socken
Speck
Stecken
Stock
Strecke
Strick
Stück
Wecker
Zucker

decken
drücken
erschrecken
flicken
gackern
meckern
nicken

packen
pflücken
schlucken
schmücken
stecken
sticken
strecken
stricken
ticken
wecken
wickeln

dick
eckig
fleckig
glücklich
locker
nackt
schrecklich
trocken

Wörter mit au, äu, eu, ei, ie

Hei-zung
Käuz-chen
Kreuz
Pau-ke
Schau-kel
Schnau-ze

strei-ken
hei-kel
hei-zen
rei-zen

quieken
niesen

Stiefel
Riese
Au-ge
Au-to
Ei-mer
Hau-fen
Leu-te
Maus

Pau-se
Rei-fen
Sei-fe
Mäu-se
Zäu-ne

ei-len
heu-te
laufen

usw.

11. Übungseinheit: Anwendung aller bisher gelernten Rechtschreibstrategien in kurzen Sätzen

Sagen Sie zu Ihrem Kind:
Du hast jetzt schon so viel gelernt. Ich diktiere dir nun kurze Sätze. Darin kommen nur Wörter vor, die du schon gelernt hast. Sag mir immer, was du denkst, bevor du schreibst, damit du keinen Fehler machst.

Lassen Sie Ihr Kind noch einmal die gelernten Strategien wiederholen:

Strategie 1: Beim Schreiben die Wörter getrennt mitsprechen!

Strategie 2: Vor dem Schreiben eines Wortes über die Groß- und Kleinschreibung nachdenken!

Strategie 3: Kurze Wörter verlängern, damit man den letzten Buchstaben hören kann.

Strategie 4: Verben ableiten, z. B.: Das Wort „bellt“ kommt von „bel - len“.

– Erfinden Sie aus den bisher geübten Wörterlisten kurze Sätze.

– Lassen Sie Ihrem Kind Zeit zum Nachdenken. Fragen Sie im Zweifelsfall nach!

Wundern Sie sich nicht, wenn Ihr Kind trotz aller häuslicher Bemühungen in der Schule im Diktat immer noch viele Fehler macht! Dies hat mehrere Gründe:

1. Unter Zeitdruck kann Ihr Kind nicht in Ruhe über die Schreibweise der Wörter nachdenken.
2. Vernetztes Denken unter Zeitdruck hängt von der geistigen Reifung ab – und diese wieder von persönlichen, entwicklungsbedingten Faktoren. Sie ist nur schwer zu steuern. Auch das Sprechenlernen kann man nur fördern, aber nicht erzwingen.
3. Je älter (also reifer) Ihr Kind wird, desto sicherer kann es die Rechtschreibstrategien anwenden.
4. Angst vor Versagen und Aufregung wirken sich leistungshemmend aus.

D. Merkwörter (Wörter mit ie, h, ß, v, chs, oo, aa, ee usw.)

Grundsätze für die Übung mit Merkwörtern

Denken Sie daran, dass Ihr Kind auch deshalb Schwierigkeiten beim Rechtschreiben hat, weil es sich Wortbilder nicht gut merken kann. Es bringt also wenig, diese Wörter einfach zu diktieren, denn das Wortbild kann sich Ihr Kind nur schwer merken. Ihr Kind braucht andere Hilfen!

So kann sich Ihr Kind die Wörter leichter merken

- Schreiben Sie die Merkwörter auf große Bögen Papier sortiert auf. Hängen Sie sie z. B. im Kinderzimmer auf. Beispielsweise ein Plakat mit h-Wörtern, ein Plakat mit ß-Wörtern usw. So sammeln Sie die Wörter aus dem Unterricht praktisch nebenbei.
- Wenn Ihr Kind sich vielleicht auch nicht an das Wortbild erinnert, merkt es sich, dass das h-Wort auf dem h-Plakat steht – also mit h geschrieben wird.
- Fragen Sie Ihr Kind immer wieder mündlich ab, welche Wörter auf den Plakaten gesammelt sind (z. B. im Auto oder im Wartezimmer. Dazu braucht man weder Bleistift noch Papier).

Sagen Sie dann zu Ihrem Kind:

Kannst du mir Wörter sagen, die auf dem ie-Plakat (ß-Plakat, …) stehen?

- Erfinden Sie Wortpaare, die sich reimen, z. B. stehen – gehen, …
- Erfinden Sie zusammen mit Ihrem Kind Merkverse und lassen sie auswendig lernen, z. B. „Vom, von, vor, ver schreibt man mit v, schau nur mal her!“

- Erfinden Sie lustige Sätze mit mehreren dieser Wörter, z. B. „Heute leuchten viele Feuer."
- Schreiben Sie Merkwörter auf kleine Kärtchen und fertigen Sie so ein Memoryspiel an.
- Legen Sie eine Wortkartei an: Schreiben Sie jedes Wort auf ein Kärtchen und lassen Sie es in Abständen (zuerst kurz, dann länger) auswendig aufschreiben.
- Üben Sie mit Ihrem Kind die Merkwörter so wie das Einmaleins, z. B. etwa fünf Wörter mit „ß" pro Woche auswendig lernen und immer wieder abfragen.

Übungsbeispiel für Merkwörter mit ß

Übungseinheiten in aufeinander aufbauender Reihenfolge

Übungsziel: Merkwörter

1. **Übungseinheit:** z. B. Merkwörter mit ß (Wörterliste S. 63)

Und so können Sie den Schwierigkeitsgrad erhöhen:

2. **Übungseinheit:** Wörter mit ß im Wörterdiktat
3. **Übungseinheit:** ß in zusammengesetzten Wörtern
4. **Übungseinheit:** Wörter mit ß in Einzahl und Mehrzahl (Wörterliste S. 63)
5. **Übungseinheit:** Wörter mit ß und Groß-Kleinschreibung

1. Übungseinheit: z. B. Merkwörter mit ß (Wörterliste S. 63)

- Sammeln Sie erst einmal alle Wörter mit dieser Besonderheit auf dem Plakat oder im Karteikasten.
- Lernen Sie die Wörter nach oben genannten Vorschlägen auswendig.

Sagen Sie zu Ihrem Kind:

Diese Wörter haben eine Besonderheit, die man nicht hören kann – auch nicht, wenn man das Wort ganz deutlich spricht und trennt. Für diese Wörter gibt es keine Strategie. Diese Wörter muss man sich merken. Wir nennen diese Wörter deshalb Merkwörter! Wir üben heute die Wörter mit „ß".

Eltern: Straße?
Kind: Stra - ße!
Eltern: Achte auf das „ß" und schreibe das Wort auf das Plakat (die Karteikarte, ...)!

2. Übungseinheit: Wörter mit ß im Wörterdiktat

Sagen Sie zu Ihrem Kind:

Du weißt jetzt schon viele Wörter mit ß. Heute diktiere ich dir zehn Wörter. Ich verstecke fünf Merkwörter darin, die auf unserem Plakat (Karteikasten) stehen.

Diktieren Sie abwechselnd fünf Wörter mit ß und fünf Wörter, in denen ein einfaches s vorkommt (Wörterliste S. 21).

3. Übungseinheit: ß in zusammengesetzten Wörtern

Sagen Sie zu Ihrem Kind:

Heute suchen wir ß-Wörter, die man mit einem anderen Wort zusammensetzen kann.

Eltern: Fleiß. Mit welchen Wörtern kann man Fleiß zusammensetzen?
Kind: Fleißaufgabe, Fleißbild, ... !
Eltern: Trenne, damit du keinen Buchstaben übersiehst. Denke darüber nach, ob du mit einem kleinen oder großen Buchstaben beginnen musst.

4. Übungseinheit: Wörter mit ß in Einzahl und Mehrzahl (Wörterliste S. 63)

Sagen Sie zu Ihrem Kind:

Heute schreiben wir Nomen mit ß, die man in Einzahl und Mehrzahl setzen kann.

Eltern: Fuß?
Kind: Fuß, Fü - ße!
Eltern: Gut, schreibe beide Wörter auf!

5. Übungseinheit: Wörter mit ß und Groß-Kleinschreibung

Sagen Sie zu Ihrem Kind:

Heute schreiben wir alle Wörter mit ß, die du schon kennst, aber du musst auch auf die Groß-/Kleinschreibung achten.

Eltern: Strauß?
Kind: der Strauß – groß!
Eltern: Gut, schreibe auf!

Eltern: schießen?
Kind: schießen – ich schieße, klein!
Eltern: Gut, schreibe auf!

Sie merken bereits, wie viele Übungen möglich sind. Sie dürfen sicher sein: Ihr Kind prägt sich nach dieser Methode seine Merkwörter langfristig ein.

Merkwörter mit ß

Fleiß
Floß
Fuß
Ge-fäß
Maß
Ruß
Spaß
Stoß
Stra-ße
Strauß

bei-ßen
flei-ßig
flie-ßen
flö-ßen
ge-nie-ßen
gie-ßen
groß
grü-ßen
hei-ßen
heiß
rei-ßen

ru-ßen
ru-ßig
schie-ßen
schlie-ßen
spa-ßen
sto-ßen
süß
weiß

au-ßen
drau-ßen
schließ-lich

Üben Sie so alle Wörter mit rechtschriftlichen Besonderheiten (h, ß, ie, eu, ä, chs, x, v, oo, aa, ee) Die entsprechenden Wörterlisten finden Sie ab S. 70.

Unregelmäßige Verben

Ihr Kind versucht bald, beim Schreiben mehr mitzudenken und Wörter abzuleiten. So entsteht auch eine neue Fehlerquelle: „Er kamm“ statt „Er kam“; denn „kamm“ kommt doch von „kom - men“, oder?

Erklären Sie Ihrem Kind in aller Ruhe: Es hat grundsätzlich vollkommen recht, aber es gibt in der deutschen Sprache Ausnahmen, und die muss man sich merken.

1. Unregelmäßige Verben kennen lernen und aufschreiben (Wörterliste S. 65)

Sagen Sie zu Ihrem Kind:

Es gibt einige Verben, die man in der Vergangenheit anders schreibt, als in der Grundform. Einige Verben haben dann eine Besonderheit, z. B. ein „ie“ oder eine Verdopplung.

Sammeln Sie diese Wörter auf Plakaten oder legen Sie eigene Karteikarten an.

2. Verben in Sätzen anwenden

Sagen Sie zu Ihrem Kind:

Wir schreiben heute Sätze, in denen Verben mit einer Besonderheit vorkommen.

Eltern: Die Sonne schien hell.
Kind: schien – mit ie!
Eltern: Gut, schreibe auf und achte auf die Groß-Kleinschreibung!

Üben und wiederholen Sie die unregelmäßigen Verben wie Merkwörter!

Unregelmäßige Verben

beißen	biss	gebissen
bitten	bat	gebeten
erschrecken	erschrak	erschrocken
fließen	floss	geflossen
gleiten	glitt	geglitten
heißen	hieß	geheißen
kommen	kam	gekommen
leiden	litt	gelitten
pfeifen	pfiff	gepfiffen
reißen	riss	gerissen
reiten	ritt	geritten
schaffen	schuf	geschaffen
scheinen	schien	geschienen
schießen	schoss	geschossen
schließen	schloss	geschlossen
schneiden	schnitt	geschnitten
schreiten	schritt	geschritten
stoßen	stieß	gestoßen
treffen	traf	getroffen

Weitere Übungsmöglichkeiten für alle Wörterlisten:

- zu den Verben die Nomen mit „der“, „die“ und „das“ bilden lassen, z. B.: drücken – der Druck, knallen – der Knall
- zu den Verben bzw. Nomen das entsprechende Adjektiv aufschreiben lassen, z. B.:
  bluten – blutig, Schmutz – schmutzig
- Vorsilben und Nachsilben zu Wörtern suchen lassen, z. B.:
  schreiben – aufschreiben – verschreiben – unterschreiben oder kühl – unterkühlt usw.
- die Verben in verschiedenen Formen schreiben lassen, z. B.: ich gehe, du gehst, er geht, ihr geht, …
- Verben in verschiedenen Formen diktieren und ableiten lassen. Bei Verben spricht man von der Grundform.
  du nähst Grundform: nähen
  ihr lauft Grundform: laufen
  er ist gerannt Grundform: rennen
- Wörter von der zugehörigen Wortfamilie ableiten lassen. Bei Nomen spricht man von einer Wortfamilie oder von einem verwandten Wort.
  Gehsteig Ableitung: gehen
  Bäuche Ableitung: Bauch
- zusammengesetzte Nomen aus dem Wortmaterial bilden lassen, z. B.: Risswunde, Beißzange, …
- Wortfamilien zusammenstellen lassen, z. B.:
  danken, Gedanke, gedanklich, sich bedanken, Undank, Dank, gedankt, …

Nun haben Sie schon viel mit Ihrem Kind geübt und bemerken sicher schon Fortschritte. Leider dauert es manchmal lange, bis sich die Schulnoten bessern. Kinder wünschen sich aber eine Steigerung, die sich auch in den Noten zeigt. Deshalb sollen die Kinder lernen, ihre Texte selbst zu korrigieren. Jeder gefundene Fehler kann die Note verbessern.

Die Korrektur falsch geschriebener Wörter

1. Groß-/Kleinschreibung

Sagen Sie zu Ihrem Kind:

Du hast schon viel gelernt. Damit du in der Schule möglichst wenig Fehler machst, musst du lernen, wie man seine Fehler korrigiert. Wir fangen mit der Groß-/Kleinschreibung an.

Legen Sie Ihrem Kind nun Texte vor, in denen alle Wörter klein (bzw. groß) geschrieben sind.

Sagen Sie zu Ihrem Kind:

Die Wörter sind alle klein (bzw. groß) geschrieben. Versuche den Text zu korrigieren. Du darfst der Lehrer sein. Streiche die Fehler an!

2. Fehlerhafte Groß-/Kleinschreibung

Sagen Sie zu Ihrem Kind:

Heute darfst du einen Text korrigieren, in dem große Wörter klein und kleine Wörter großgeschrieben sind, aber ganz durcheinander.
Ich bin gespannt, ob du fünf (sechs, sieben, ...) Fehler finden kannst!

Legen Sie Ihrem Kind nun bitte einen Text vor, in den Sie bewusst einige Fehler in der Groß-/Kleinschreibung eingefügt haben. Ihr Kind lernt so, genau auf die Wörter zu achten. Bei manchen Schülern machen Fehler bei der Groß-/Kleinschreibung einen großen Teil der Gesamtfehlerzahl aus.

3. Eigene Texte auf Fehlerschwerpunkte überprüfen

Sicher wissen Sie von Ihrem Kind, welche Art Fehler ihm besonders häufig unterlaufen. Leiten Sie Ihr Kind an, seinen Text darauf zu prüfen (etwa Fehler bei f / v).

Sagen Sie zu Ihrem Kind:

Du hast schon viel gelernt. Wenn du schnell schreiben musst, z. B. beim Diktat oder wenn du dich ganz stark auf den Inhalt deines Aufsatzes konzentrierst, passieren dir sicher ein paar Rechtschreibfehler.

Wenn du mit dem Schreiben fertig bist, lies den Text durch und achte nur auf die Wörter mit f oder v. Denk an die Merkwörter in unserem Karteikasten (Plakat). Vielleicht findest du Fehler, die du verbessern kannst.

Schüler mit Schwierigkeiten beim Erlernen des Rechtschreibens sind mit der Anweisung „Sieh deinen Text nach Fehlern durch!“ meist überfordert. Ihr Kind meint dann, es soll auf alle Fehlerarten gleichzeitig achten. So findet es kaum Fehler. Auch eine Textkorrektur muss in kleine Schritte aufgeteilt werden.

Hier hilft es, den Text mehrmals, aber immer nur unter einem Gesichtspunkt durchzusehen, z. B.

1. Durchgang: Satzzeichen
2. Durchgang: Groß-/Kleinschreibung
3. Durchgang: z. B. Fehlerschwerpunkt v / f
4. Durchgang: …

Diese Durchgänge sind natürlich nur Beispiele. Ihre Art und Reihenfolge muss sich jeweils nach der Alters- und Leistungsstufe Ihres Kindes richten.

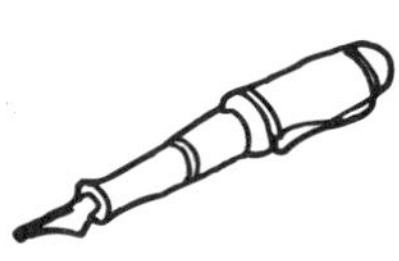

Merkwörter

ie

Bier
Brief
Dieb
Dienst
Hieb
Kiel
Kies
Knie
Lied
Schmied
Sieb
Spiel
Spieß
Stiel
Stier
Tier
Vieh
Ziel

Flie-ge
Kie-sel
Rie-gel
Rie-se
Spie-gel
Tie-gel
Wie-se
Wie-sel
Zie-ge
Zie-gel

Kie-fer
Kla-vier
Pa-pier
Schie-fer

Bie-ne
Die-ner
Fie-ber
Flie-ger
Frie-den
Mie-te
Rie-men
Schie-ne
Stie-fel
Stie-ge
Un-ge-ziefer
Un-ter-schied

bie-gen
die-nen
flie-gen
flie-ßen
frie-ren
krie-chen
lie-ben
lie-fern
lie-gen
rie-chen
schie-ben
schie-ßen
schlie-ßen
sie-gen
spie-len
ver-bie-ten
ver-lie-ren
wie-gen
zie-hen

buch-sta-bie-ren
mar-schie-ren
ra-die-ren

fried-lich
gie-rig
lie-der-lich
neu-gie-rig
nie-der
nied-lich
nied-rig
rie-sig
schief
schwie-rig
tief
ver-schie-den
viel
zier-lich

dies
hier
nie
nie-mals
nie-mand
sie-ben
viel-leicht
vier
wie-der

Brü-he
E-he
Floh
Krä-he
Kuh
Rei-he
Ru-he
Ru-he
Schuh
Sei-her
Tru-he

Wei-her
Ze-he

blü-hen
dre-hen
ge-hen
glü-hen
krä-hen
mä-hen
nä-hen
ru-hen

se-hen
ver-ste-hen

dro-hen
ge-sche-hen
glü-hen
lei-hen
sei-hen
ste-hen
ver-zei-hen
wei-hen

bei-na-he
früh
nah
roh
ru-hig
weh
zäh

Unhörbares h

Draht
Jahr
Koh-le
Ohr
Stuhl
Uhr
Ver-kehr
Woh-nung

Bahn
Boh-ne
Büh-ne
Eh-re
Fah-ne
Feh-ler
Früh-ling
Ge-fahr
Höh-le
Kahn
Kahn
Leh-rer
Lohn

Mehl
Mohn
Nah-rung
Rohr
Soh-le
Sohn
Stroh
Weih-nach-ten
Zahn

Füh-ler
Ge-wehr
Höh-le
Keh-le
Küh-ler
Rah-men
Vieh
Zahl

be-lohn-en
boh-ren
er-zäh-len
fah-ren

feh-len
füh-len
füh-ren
gäh-nen
mah-len
neh-men
steh-len
strah-len
wäh-len
woh-nen
wüh-len
zah-len
zäh-men

keh-ren
küh-len
leh-ren
mah-nen
rüh-ren
weh-ren

ähn-lich
fröh-lich

hohl
kahl
kühn
lahm
wahr
zahm

ih-nen
ih-re
ihm
ihn

ihr
mehr
oh-ne
sehr
wäh-rend
zehn

eu

Beu-le
Deutsch-land
Eu-le
Eu-ro
Eu-ro-pa
Feu-er
Flug-zeug
Freund
Heu
Kreuz
Leu-te
Scheu-ne

Steu-er
Un-ge-heu-er
Zeug-nis

be-reu-en
freu-en
heu-len
keu-chen
leuch-ten

deut-lich
deutsch
feucht

neu
scheu
scheuß-lich
teu-er
treu

eu-er
euch
heu-te
neun

ai

Hain
Kai-ser
Laib
Laich
Mai
Mais
Sai-te
Wai-se

aa – ee – oo

Haar
Paar
Saal
Saat
Waa-ge

Al-lee
Bee-re
Beet
Fee
Kaf-fee

Klee
Meer
Schnee
See
Tee

leer
Teer

Boot
Moor
Moos

Zoo

v

No-vem-ber
Va-se
Va-ter
Veil-chen
Ven-til
Ver-dacht
Ver-ein
Ver-kehr
Vers

Vieh
Vil-la
Vo-gel
Volk

Ad-vent
Kla-vier
Kur-ve
Lo-ko-mo-ti-ve
No-vem-ber

Pul-ver

brav
viel
voll
vor-sich-tig

be-vor
viel-leicht
vier

vom
von
vor
vor-ne

Verben mit der Vorsilbe ver- oder vor-

ver-bie-ten
ver-ges-sen
ver-hin-dern
ver-lan-gen
ver-let-zen
ver-lie-ren
ver-säu-men
ver-schwin-den
ver-ste-hen
vor-be-rei-ten
vor-fah-ren
vor-ma-chen
usw.

ä

Bär
Ge-schäft
Kä-fer
Kä-fig
Kä-se
Lärm
Mäd-chen
Mär-chen
März
Schä-del
Trä-ne
wäh-rend
zäh

näm-lich
spät
un-ge-fähr

Ableitungen

än-dern (anders)
ängst-lich (Angst)
är-gern (arg)
drän-gen (Drang)
er-klä-ren (klar)
hän-gen (Hang)
mäh-en (Maht)
nä-hen (Naht)
quä-len (Qual)
sä-en (Saat)
schä-len (Schale)
schä-men (Scham)
Stän-gel (Stange)
wäh-len (Wahl)

seltene Buchstaben: chs

A-chse
Dachs
Ei-de-chse
Fuchs
Lachs
Luchs
O-chse
Wachs
sechs
wa-chsen
we-chseln

nä-chste

seltene Buchstaben: x

Axt
He-xe
Le-xi-kon
Pra-xis
Ta-xi
Text

bo-xen
ex-plo-die-ren
ex-tra
fix
mi-xen

seltene Buchstaben: qu

Qua-drat
Qual
Qualm
Quark
Quatsch
Quel-le

Quit-tung

qua-ken
quä-len
quet-schen
quie-ken
quiet-schen

ü-ber-que-ren

be-quem
quer

seltene Buchstaben: y

Ba-by
Han-dy

Po-ny
Re-cy-cling

Ted-dy
Typ

Zy-lind-er

Begriffserklärungen alphabetisch

Adjektiv: Auch Eigenschaftswort, Wiewort oder Beiwort, z. B. „groß“, „hell“, „langsam“ usw.

genetische Disposition: Eine vererbte Neigung oder Anfälligkeit für die Ausbildung von Ausfällen (auch Krankheiten).

Grammatik: Der Aufbau oder das Gerüst der Sprache.

lauttreue Wörter: Wörter, bei denen jeder Buchstabe genau einem Laut entspricht. Daher kann man sie nach Gehör fehlerfrei schreiben, wie z. B „Auto“ oder „Kakadu“.

Merkwörter: Wörter, die man nicht nach Gehör richtig aufschreiben kann. Typische Merkwörter sind z. B. „Rhythmus“ oder „Chrysantheme“, aber auch „Stadt“ – wer nicht *weiß*, wie man diese Wörter schreibt, schreibt sie höchstwahrscheinlich falsch.

Mitlaute: Auch Konsonant oder Mittöner. Die Laute, die sich als folgende Buchstaben im Alphabet darstellen: B, C, D, F, G, H, J, K, L, M, N, P, Q, R, S, ß, T, V, W, X und Z.

Nomen: Auch Substantiv, Hauptwort, Namenwort oder Dingwort, z. B „Haus“, „Banane“, „Kind“ usw.

Selbstlaute: Auch Vokale. Die Laute, die sich als folgende Buchstaben im Alphabet darstellen: a, e, i, o und u; die Umlaute ä, ö und ü; die Diphtonge (Zwielaute, Doppellaute) ei, ai, eu und äu.

Strategie: Der Plan, der einer Handlung oder Aktion zu Grunde liegt.

Verb: Auch Zeitwort, Tätigkeitswort, Tunwort oder Tuwort, z. B. „gehen“, „laufen“, „werfen“ usw.

Wortbild: Die Form eines Wortes auf dem Papier. Viele Kinder, die bereits „schreibend“ in die 1. Klasse kommen, malen Wortbilder nach, deren Sinn sie aber (noch) nicht verstehen.

Weitere hilfreiche Unterrichtsmedien

Clarkson-Grabs, T.: Variabolus. Schnell-Lese-Training. Veris Verlag, Kiel 2006

Dummer-Smoch, L.; Hackethal, R.: Der Neue Karolus. Lernsoftware Deutsch. Veris Verlag, Kiel 2004

Dummer-Smoch, L.; Hackethal, R.: Kieler Leseaufbau. Veris Verlag, Kiel 2002

Dummer-Smoch, L.; Hackethal, R.: Kieler Rechtschreibaufbau. Veris Verlag, Kiel 2001

Dummer-Smoch, L.: Laute – Silben – Wörter. Veris Verlag, Kiel 2002

Fegers, M.; Seidel-Reichenberg, H.; Schiffmann, M.: Joker-Lisa. Rechtschreibspiel. Veris Verlag, Kiel 1998

Fegers, M.; Seidel-Reichenberg, H.; Schiffmann, M.: Lesen mit Lisa. Anleitung und Hefte 1–4. Veris Verlag, Kiel

Fegers, M.; Seidel-Reichenberg, H.; Schiffmann, M.: Lisas ABC. Veris Verlag, Kiel 2006

Fegers, M.; Seidel-Reichenberg, H.; Schiffmann, M.: Lisas Lautkarten. Veris Verlag, Kiel 1999

Fegers, M.; Seidel-Reichenberg, H.; Schiffmann, M.: Schreiben mit Lisa. Hefte 1–4. Veris Verlag, Kiel

Fegers, M.; Seidel-Reichenberg, H.; Schiffmann, M.: Stempel Lisa. Veris Verlag, Kiel

Gerth, S.: Lese- und Schreibübungen. Veris Verlag, Kiel

Groneberg, A.: Laura und Leo. Lernsoftware Deutsch. Veris Verlag, Kiel 2006

Hackethal, R.: Lesetexte 2–3. Veris Verlag, Kiel

Haecker, B.; Stotz, A.-I.: Kieler Lautgebärden. Schulungsvideo. Veris Verlag, Kiel 2005

Haecker, B.; Stotz, A.-I.: Kieler Lautgebärden. Wandkarten und Plakat. Veris Verlag, Kiel 2005

Haecker, B.; Stotz, A.-I.: Silbentrainingsboote. Veris Verlag, Kiel 2005

Heidtke, B.; Wulf, F.: Lesehefte 1–3. Veris Verlag, Kiel

Jansen, B.: Arbeitsbögen zum Kieler Leseaufbau. Veris Verlag, Kiel 2004

Jansen, B.: Arbeitsbögen zum Kieler Rechtschreibaufbau. Teil 1–3. Veris Verlag, Kiel

Jansen, B.: Lautgetreue Texte zum Lesen und Schreiben. Band 1–3. Veris Verlag, Kiel

Pahlen, P.; Petersen, D.: Lesetext 1. Veris Verlag, Kiel 2006

Stoeckle, Chr.; Stehr, H.: Im Rechtschreiben fit. Heft 1. Mitsprechwörter

Stoeckle, Chr.; Stehr, H.: Im Rechtschreiben fit. Heft 2. Pass auf! Diese Wörter schreibt man anders als man sie spricht

Stoeckle, Chr.; Stehr, H.: Im Rechtschreiben fit. Heft 3. Mitlautverdopplung (1)

Stoeckle, Chr.; Stehr, H.: Im Rechtschreiben fit. Heft 4. Mitlautverdopplung (2)

Stoeckle, Chr.; Stehr, H.: Im Rechtschreiben fit. Heft 5. Merkwörter

Walter, J.: Silben-Himmel. Lernsoftware Deutsch. Veris Verlag, Kiel 2004

Walter, J.: Textstrahler. Lernsoftware Deutsch. Veris Verlag, Kiel 2005

Alle genannten Titel und viele weitere Unterichtsmaterialien sind zu beziehen über die

Veris Direct Versandbuchhandlung
Postfach 4369, 24042 Kiel
Tel.: 04 31 / 8 00 94 23 · Fax: 04 31 / 8 30 80
Internet: www.veris-direct.de
E-Mail: info@veris-direct.de

Liebe Eltern!

Jedes Kind fasst unterschiedlich schnell auf, jedes Kind braucht eine andere Zeit, um die komplizierte deutsche Rechtschreibung zu verstehen und zu behalten.

Lassen Sie Ihrem Kind die nötige Zeit! Jeder noch so kleine Fortschritt motiviert zum Weiterlernen. Achten Sie mehr auf die Fortschritte Ihres Kindes und weniger auf seine Mängel.

Ich wünsche Ihnen und Ihrem Kind viel Ruhe, viel Geduld, viel Verständnis, natürlich viel Erfolg – und vielleicht haben Sie sogar Spaß dabei!

Christiane Stoeckle